実務解説
エクエーター原則/赤道原則
―プロジェクト融資の環境・社会リスク管理

みずほ銀行・三菱東京UFJ銀行・三井住友銀行[著]

THE EQUATOR PRINCIPLES
environmental and social risk management for projects

一般社団法人 **金融財政事情研究会**

はじめに

　世界中で実施されている大規模プロジェクト、たとえば油田・天然ガス田や鉱山の開発、水力発電用ダム建設や高速道路の建設は、プロジェクトサイトおよびその周辺の自然環境と地域社会に、重大な負の影響を与える可能性がある。

　20世紀後半の大規模プロジェクトでは、森林伐採により希少生物の重要な生息地が大幅に縮小したケースや、ダム建設に伴い地域住民が住居移転を余儀なくされ、生まれ故郷や生活手段を喪失したケース、鉱山開発や工業化プロジェクトによって大気や水、土壌が汚染され深刻な公害が発生したケースなど、きわめて重大な環境破壊や人権侵害が発生し、国際的な批判が巻き起こった経緯がある。

　「エクエーター原則／赤道原則（The Equator Principles、以下「EP」）」はこうした状況で生まれた。

　EPは、プロジェクトを推進する事業者が環境と社会に対して適切な配慮を実施しているかを確認するためのベースラインまたはフレームワークである。2015年12月末時点で、われわれ、みずほ銀行、三菱東京UFJ銀行、そして三井住友銀行（EP採択順）の邦銀三行を含む、全世界で82の金融機関がEPを採択している。

　EPは、プロジェクト向け融資業務において、対象プロジェクトの環境や社会への負の影響の軽減を通じて、社会・経済の持続的な発展に貢献することを目指すものである。いま、気候変動といった環境問題や人権侵害を含む社会問題は、国家や業界の枠を超えて全世界、全産業ベースで取り組むべき課題となっており、われわれ金融機関もさまざまな分野で多様なステークホルダーと連携しながらこの課題に取り組んでいる。

　本書は、本邦初のEPに関する解説書であり、EP関連業務に従事する三行の実務者が、共同・分担して原稿を執筆したものである。

　本書の内容は、EPを実務的な観点から解説していることに加え、EPを

ベースラインとした金融機関における環境・社会リスク管理の実務についても、公開可能な範囲で説明している。加えてEP採択金融機関の国際的ネットワーク組織であるEP協会の活動についても紹介する章を設けている。

このほかに、EP以外の国際的な環境・社会関連ガイドラインや取組状況についても言及している。

本書は、金融業界でプロジェクトファイナンス業務に関連する部署やCSR部署で勤務する方々、そして一般企業で大規模開発プロジェクトやインフラプロジェクトに携わっているビジネスマンの方々を主たる読者層と想定している。

また、環境・社会問題、あるいは開発金融や金融業界を研究されている教職の方々や学生、それらに興味をもたれている一般の方々にも本書を読んでいただきたいと思い、金融業界の専門用語の使用はできる限り少なくし、また用語説明を加えるなど平易で理解しやすい文章となるように心がけた。

加えて、われわれ執筆者の個人的な経験や日頃考えていることなどを「コラム」として掲載している。解説の本文を読み進める合間の一服として読んでいただきたい。

本書が、より多くの方々にEPを理解していただくきっかけとなれば幸いである。

2016年1月
みずほ銀行　グローバルプロジェクトファイナンス営業部
三菱東京UFJ銀行　ストラクチャードファイナンス部
三井住友銀行　国際与信管理部

目　次

第1章　「エクエーター原則／赤道原則」とは

 (1)　「エクエーター原則／赤道原則」とは ································ 2
 (2)　EP制定の背景 ··· 2
 (3)　EPの意義 ·· 4
 ［コラム1］　なぜ「"Equator"原則」と呼ばれるのか ················ 7

第2章　10の原則

1　EPの全体構成 ·· 12
2　前　文 ·· 15
3　適用範囲 ·· 18
 (1)　適用される金融商品・業務 ··· 19
 (2)　プロジェクトファイナンス ··· 19
 (3)　プロジェクトファイナンス・アドバイザリーサービス（FA業務） ··· 20
 (4)　プロジェクト紐付きコーポレートローン ························ 20
 (5)　ブリッジローン（つなぎ融資） ···································· 24
 (6)　操業中のプロジェクト ··· 24
4　アプローチ ··· 25
 (1)　「プロジェクトファイナンス」と「プロジェクト紐付きコーポレートローン」 ··· 26
 (2)　「プロジェクトファイナンス・アドバイザリーサービス（FA業務）」とブリッジローン ·· 27
 (3)　情報共有 ·· 27
5　【原則1】レビュー、およびカテゴリー付与 ························ 29

(1) 環境・社会レビューおよびデューデリジェンス ……………… 30
　　(2) カテゴリー付与 ………………………………………………… 30
　　［コラム2］「環境にやさしい」プロジェクト …………………… 35
6 【原則2】環境・社会アセスメント ……………………………………… 37
　　(1) アセスメントの実施 …………………………………………… 39
　　(2) アセスメント文書 ……………………………………………… 40
　　(3) アセスメントの項目 …………………………………………… 43
　　(4) 人権デューデリジェンス ……………………………………… 48
　　(5) 温室効果ガス排出に係る代替案分析 ………………………… 48
　　［コラム3］ 動植物への影響について …………………………… 51
7 【原則3】適用される環境・社会基準 …………………………………… 53
　　(1) プロジェクト所在国の環境・社会関連法令の遵守 ………… 54
　　(2) プロジェクト所在国の区分と適用される基準 ……………… 55
　　(3) EPFIによる適用基準の充足確認 …………………………… 58
　　(4) 「指定国以外の国」に所在するプロジェクトに適用される環
　　　　境・社会基準 …………………………………………………… 58
　　［コラム4］ 大人の社会科見学 …………………………………… 83
8 【原則4】環境・社会マネジメントシステムと、EPアクションプ
　ラン ……………………………………………………………………… 85
　　(1) 環境・社会マネジメントシステム（ESMS）………………… 85
　　(2) 環境・社会マネジメントプラン（ESMP）…………………… 87
　　(3) EPアクションプラン ………………………………………… 88
　　［コラム5］EPと人権 ……………………………………………… 91
9 【原則5】ステークホルダー・エンゲージメント ……………………… 98
　　(1) ステークホルダー・エンゲージメント ……………………… 100
　　(2) 先住民族への配慮 ……………………………………………… 101
10 【原則6】苦情処理メカニズム ………………………………………… 104
11 【原則7】独立した環境・社会コンサルタントによるレビュー ……… 108
　　(1) プロジェクトファイナンスの場合 …………………………… 110

(2) プロジェクト紐付きコーポレートローン（PRCL）の場合 ……… 110
　　　(3) 外部コンサルタントの役割 …………………………………………… 111
　　　［コラム6］ エクエーター原則／赤道原則の課題～アジアの開拓～ ……… 114
12　【原則8】誓約条項（コベナンツ） ………………………………………… 116
　　　(1) 全てのプロジェクトに求められるコベナンツ …………………… 117
　　　(2) カテゴリーAもしくはBのプロジェクトで求められるコベナ
　　　　 ンツ ………………………………………………………………………… 118
　　　(3) その他のコベナンツ …………………………………………………… 120
　　　(4) コベナンツを遵守していない場合の対応 ………………………… 121
13　【原則9】独立した環境・社会コンサルタントによるモニタリン
　　グと報告の検証 ……………………………………………………………… 122
14　【原則10】情報開示と透明性 ……………………………………………… 125
　　　(1) プロジェクト実施者の情報開示 …………………………………… 129
　　　(2) EPFIの情報開示 ……………………………………………………… 131
　　　(3) EP協会の情報開示 …………………………………………………… 133
　　　［コラム7］「温室効果ガス」をめぐる国際的な動向 ……………………… 137

第3章　銀行におけるEP関連実務

1　実施体制 ……………………………………………………………………… 142
　　　(1) EP担当部署の設置 …………………………………………………… 142
　　　(2) 行内手続整備 ………………………………………………………… 143
　　　(3) 行内手続の周知徹底 ………………………………………………… 143
　　　(4) ステークホルダーへの対応 ………………………………………… 144
　　　(5) EPに係る情報開示 …………………………………………………… 144
　　　(6) 第三者保証の取得 …………………………………………………… 144
　　　(7) CSR／広報活動 ……………………………………………………… 145
2　実施手続 ……………………………………………………………………… 146
　　　(1) 網羅性の確保 ………………………………………………………… 147

目　次　5

（2）環境・社会デューデリジェンス ……………………………… 149
　　　（3）案件事後管理 ………………………………………………… 165
　　　[コラム8]　新任担当者の「1年を振り返って」………………… 168

第4章　EP協会

1　概　　要 ………………………………………………………………… 172
2　EP協会活動 …………………………………………………………… 175
　　　（1）運営委員会（Steering Committee）………………………… 175
　　　（2）議長行（Chair Bank）………………………………………… 176
　　　（3）事務局（Secretariat）………………………………………… 176
　　　（4）財務管理人（Trustee）………………………………………… 177
　　　（5）ワーキンググループ（Working Group）…………………… 177
3　EPの採択 ……………………………………………………………… 181
　　　（1）年 会 費 ………………………………………………………… 182
　　　（2）情報開示 ………………………………………………………… 182
　　　[コラム9]　EP協会年次総会 …………………………………… 183
　　　[コラム10]　議長行のつぶやき ………………………………… 185

第5章　EP以外の環境・社会配慮確認の枠組み

1　世界銀行グループ ……………………………………………………… 190
　　　（1）世界銀行の「セーフガードポリシー」……………………… 191
　　　（2）IFCの「持続可能性に関する枠組み（IFCパフォーマンススタ
　　　　　ンダードほか）」………………………………………………… 193
　　　（3）「環境・衛生・安全（EHS）ガイドライン」……………… 194
2　アジア開発銀行 ………………………………………………………… 196
3　欧州復興開発銀行 ……………………………………………………… 198
4　輸出信用機関 …………………………………………………………… 200

(1)　経済協力開発機構の「環境コモンアプローチ」 ･････････････････････ 200
　(2)　国際協力銀行の「環境ガイドライン」 ･･････････････････････････････ 201
5　民間銀行等 ･･ 206
　(1)　欧米民間金融機関の「環境・社会リスク管理ポリシー」 ･･･････････ 206
　(2)　本邦金融機関の「持続可能な社会の形成に向けた金融行動原
　　　則」 ･･ 208
　　［コラム11］　邦銀の「グローバル化」について思うこと ･････････････ 211

第6章　EPの発展に向けて

　(1)　EP適用範囲の拡大 ･･ 217
　(2)　EP採択金融機関の拡大 ･･ 218
　(3)　EPの発展とEPFIの責務 ･･ 218

エクエーター原則／赤道原則　2013年6月　　　　　　　221

　事項索引 ･･･ 251
　著者一覧 ･･･ 253

第1章

「エクエーター原則／赤道原則」とは

(1) 「エクエーター原則／赤道原則」とは

「エクエーター原則／赤道原則（The Equator Principles、以下「EP」）」とは、大規模な資源開発やインフラ建設プロジェクトなどへの融資にあたり、プロジェクトを実施する事業者やスポンサー企業など（以下「プロジェクト実施者」）が環境・社会に対して適切な配慮を行っているかを確認するための民間金融機関の自主的な枠組みである。

EPを採択している金融機関（Equator Principles Financial Institutions、以下「EPFI」）は、同原則を自行の行内方針（ポリシー）や基準、および手順に組み入れ、環境・社会のリスクと影響を評価する。EPを遵守していない、あるいは遵守できないプロジェクトに対しては融資しないというのがEPFIの基本的な考えである。

2015年12月末時点で、EPは日米欧の大手銀行を含む世界36の国・地域の82金融機関で採択されており、新興国市場におけるプロジェクト関連融資実行額の70％以上がEPFIによって占められている（EP協会ウェブサイト：http://www.equator-principles.com/参照）ことから、プロジェクトファイナンスに関係する民間金融機関における環境・社会ポリシーの事実上の国際標準といえる存在になっている。

(2) EP制定の背景

a 公的金融機関における環境・社会配慮確認ガイドラインの制定

20世紀後半の資源開発やインフラ建設等の大規模プロジェクトのなかには、自然環境や地域社会へのリスクと影響を軽視したまま実施され、結果として重大な環境・社会問題が発生し、国際社会から強く批判されたケースがある。

たとえば、1985年に世界銀行が融資を決定したインドの「サルダル・サロバル・ダム・プロジェクト（通称ナルマダ・ダム・プロジェクト）」は、4万

世帯超、約20万人の住民移転を伴うものであったが、移転を余儀なくされた地域住民とインド政府の間で、移転・補償問題に関して事前に十分な話合いが実施されず、わずかな金銭補償で強制的に立退きが行われていた。

その結果、NGOや市民団体による抗議活動が沸き起こり、インド政府だけでなく、融資を行った世界銀行に対しても非難の声があがった。世界銀行の独立調査委員会が現地を調査した結果、世界銀行がインド政府に求めていた住民移転に関するガイドラインが遵守されておらず、移転住民全員の再定住が不可能な計画であったことなどが判明し、1993年に世界銀行は新規融資を停止した。

1990年代以降、世界銀行とそのグループ機関の国際金融公社（International Finance Corporation、以下「IFC」）は、環境・社会配慮確認のための独自のポリシーやガイドラインを制定した。さらに、経済協力開発機構（OECD）は加盟国の公的輸出信用機関（Export Credit Agencies、以下「ECA」）に対して、環境・社会配慮確認に関するECA共通の対応（コモンアプローチ）を制定し、各ECAも独自の指針（ガイドライン）を制定する動きが広がった。

b　EPの制定

世界銀行グループやECAの対応を受け、NGOは、民間金融機関に対して環境や社会に配慮した融資姿勢を要求し始めた。

たとえば、2000年初頃に、森林伐採などの環境破壊を引き起こしているプロジェクトに対する環境NGOの抗議活動の矛先は、融資している金融機関に向けられた。NGOは、一般預金者へ銀行取引の見直しを訴えるキャンペーンを展開し、その活動と主張がメディアを通じて広く世に知られることになった。このような事態を受けて、シティバンク、ABNアムロ、バークレイズ、ウェストエルビーの4行がIFCと連携してEPを起草し、2003年に民間金融機関10行の署名・採択を経てEPは制定された。

(3) EPの意義

a　プロジェクト実施者のリスクマネジメントへの貢献

　大規模な資源開発プロジェクトや建設プロジェクトは、その計画段階から操業期間を経て終了（閉鎖・廃棄）するまでの全てのフェーズにおいて、環境・社会に関する多様なリスクを抱える。

　たとえば、プロジェクトから排出された汚染物質が、周辺の自然環境や地域社会に重大なダメージを与えた場合、操業停止命令や事業許認可の取消しといった行政処分を受けるリスクがある。

　また、環境・社会面に関して周辺コミュニティーへの対応が不適切だと、地域住民の反対運動によって建設工事が遅延し、操業が困難な事態に陥ることもある。反対運動が訴訟に発展すれば、裁判所からプロジェクトの停止命令や周辺住民が被った損失への賠償命令が下されるリスクもある。

　このように、プロジェクトが遅延・停止した場合や損害賠償命令を受けた場合には、その対応に要する費用の発生により、プロジェクトの採算が悪化するおそれがある。プロジェクトが中断した場合には、その間の事業収入が無くなるため、事業を継続できなくなるリスクに直面する。

　さらに、マスメディアやインターネットを経由して環境や社会への配慮が不十分との情報が拡散する結果として、世論の批判にさらされるような事態ともなれば、プロジェクト実施者の社会的信用が毀損する、いわゆるレピュテーションリスクが発生するおそれがある。

　もし、プロジェクトの初期段階から、プロジェクト実施者がEPに基づいた環境・社会に対する適切な配慮と対策を講じることができれば、前述のような環境・社会影響を回避ないしは軽減することが可能であり、事業が継続できなくなるリスクやレピュテーションリスクも適切にマネジメントできると考える。

b　金融機関のリスクマネジメントへの貢献

　前項で述べたような環境・社会問題が発生して、プロジェクトが遅延・中断し、プロジェクト実施者のレピュテーションが毀損することは、プロジェクトに融資している金融機関にとってもリスクである。

　たとえば、追加コストの発生やプロジェクトの中断によって収入が不足する、あるいは事業の継続自体が困難になるなどの事態に陥れば、プロジェクト事業者は融資の返済ができなくなってしまう。金融機関にとって、融資が焦げ付くという回収リスクが顕在化する。

　また、環境・社会に問題が生じるようなプロジェクトに融資した金融機関として批判されるリスクもある。プロジェクト実施者同様に金融機関もレピュテーションリスクにさらされるのである。

　このようなリスクを軽減するために、EPFIは融資前にプロジェクトの環境・社会への配慮について、その実施状況をEPに基づいて確認し、配慮や対策が不十分である場合には追加の対策策定をサポートする。

　さらに、EPFIはプロジェクト実施者に対してEP遵守状況について定期的に報告することを融資契約書の誓約条項（コベナンツ）に織り込むよう求める。つまり、プロジェクトが確実にEPを遵守していることを定期的に確認できる仕組みを構築するのである。これは融資期間を通して、プロジェクト中断につながるような環境・社会問題の発生をいち早く察知し、回収リスクを軽減するための措置である。

　このように、民間金融機関の国際的、かつ一貫性をもった明確な基準を定めたEPに基づいて、適切にプロジェクトの環境・社会リスクを管理することは、プロジェクトの健全性を高めることにつながり、最終的には融資をする金融機関のレピュテーションリスクを軽減することにもなる。

c　「社会の持続可能な発展」への貢献

　EPFIは、資金の貸し手として、あるいはアドバイザーとしての役割を通じて、環境と社会に責任あるプロジェクトを推進すると宣言し、「社会の持

続可能な発展」をその基本理念として位置づける。

　EPFIは、顧客がEPを遵守しない、または遵守できないプロジェクトに対しては融資をしないというEPの基本的理念を通じて、「社会の持続可能な発展」の実現を目指している。

　EPは、プロジェクト実施者、地域住民に代表されるステークホルダー、そして金融機関の三者が、プロジェクトに起因する環境・社会リスクや影響の回避・軽減に協働して取り組むうえでの基本ルールとなるものである。そしてEPは、「社会の持続可能な発展」という全ての当事者のメリットをもたらすためのベースラインであるといえる。

コラム 1

なぜ「"Equator"原則」と呼ばれるのか

「エクエーター原則／赤道原則（EP）」の英文原名が、なぜ"Equator Principles"という名称なのか、ご存知でしょうか。

2002年の秋以降、過去に実行したプロジェクトファイナンスに起因する環境・社会影響について、環境NGOから激しいネガティブキャンペーンを受けていた一部の欧米銀行は、密かに会合をもつようになりました。その民間銀行グループの会合で検討された環境・社会リスク管理の基礎となるべき枠組みこそが、EP第1版の原案となりました。

会合がロンドンを中心に開かれた経緯から、原則の骨子が固まった段階では、「ロンドン原則」あるいは「グリニッジ原則」といった名称が考えられていたそうです。

しかしながら、「ロンドン原則」はすでに使われていたことが判明し、候補から脱落しました。また「グリニッジ原則」という名称も、"Greenwich"というスペルが、環境・社会影響配慮とは反対の意味の「Greenwash：Whitewash（お白粉をする）とGreenを組み合わせ、表向き環境配慮を実施していると宣伝している企業などが、実際には環境に十分配慮していないような場合を指す造語」のスペルによく似ていることから、民間金融機関が独自に制定する新しい環境・社会ガイドラインの名称としてふさわしくないと考えられ、除外されました。

そこで、北半球・南半球（先進国と発展途上国という意味を含むと個人的には考えています）のどちらの金融機関が採択しても違和感のないグローバルな名称として、また完全なバランスを意味するものとして、"Equator"をPrinciples（原則）に冠することで落ち着いたそうです。

この辺は、EP協会の公式ウェブサイト（http://www.equator-principles.com）上の"Frequently Asked Questions"では、「The initial founders of the Equator Principles (EPs) wanted the adoption of the EPs to be a globally applicable (to financial institutions in the northern and southern hemispheres) and the equator seemed to represent that balance perfectly – hence the name, Equator Principles.」と説明されています。

なお、「Equator Principles」に対応する日本語は、みずほ銀行と三井住友銀行では「エクエーター原則」としているのに対して、三菱東京UFJ銀行は「赤

道原則」としています。この本のタイトルが「エクエーター原則／赤道原則」となっているのは、そのためです。ちなみに三行間での会話では、互いに言い換えする面倒を避け、もっぱら単純に「EP（イー・ピー）」と呼んでいます。

ところで2013年6月にEPは約7年ぶりに2度目の改訂が実施され、2014年1月1日以降、すべてのEPFIはEP第3版の適用に移行しています。

今次改訂の背景の1つには、EPFIの環境・社会デューデリジェンス（環境・社会レビュー）プロセスにおける参照基準である、国際金融公社（IFC）の「環境と社会の持続可能性に関するパフォーマンススタンダード」が2012年1月に改訂されたことがあります。

2013年のEP改訂の大きな特徴は、EP適用対象となる取引の範囲が広がったこと、そして「気候変動問題」に関連する要求事項が個別原則のなかに加えられたことです。

前者については、プロジェクト実施者による環境・社会への影響配慮を、より広範囲のプロジェクトで、かつプロジェクトの早期段階から要求することにつながっています。

EPの適用対象取引は、2003年の初版、2006年の第一次改訂、それに続く今次改訂を経て、対象取引が4つに増えるなど、着実に適用範囲が拡大しています。

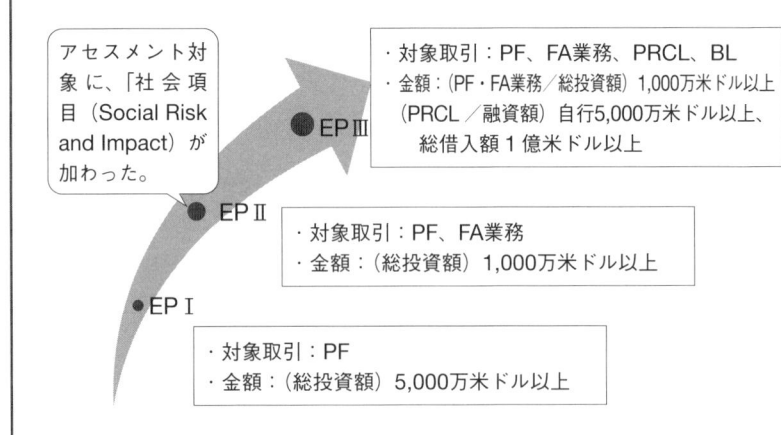

- アセスメント対象に、「社会項目（Social Risk and Impact）が加わった。

● EP Ⅲ
・対象取引：PF、FA業務、PRCL、BL
・金額：（PF・FA業務／総投資額）1,000万米ドル以上
　　　　（PRCL／融資額）自行5,000万米ドル以上、総借入額1億米ドル以上

● EP Ⅱ
・対象取引：PF、FA業務
・金額：（総投資額）1,000万米ドル以上

● EP Ⅰ
・対象取引：PF
・金額：（総投資額）5,000万米ドル以上

一方で「気候変動問題」に関連し、プロジェクト実施者に対して、「原則2：環境・社会アセスメント」においては「代替案分析」の実施を要求し、「原則10：情報開示」では環境・社会に対する潜在的リスクと影響が比較的高い（詳細については原則10の解説を参照）と判断されるプロジェクトについて、操業期間中の温室効果ガス（GHG）排出量を毎年公開するように要求す

ることが定められました。

　このプロジェクト実施者に対する要求は、二酸化炭素（CO_2）換算で年間10万トンを超えるGHG排出量が予見されるプロジェクトに限定されるものの、プロジェクト実施者へのGHG排出量の公開要求は、EPが参照するIFC・PSでも要求していないものであり、この点ではIFC・PSよりも一歩踏み込んだものといえます。

（三菱東京UFJ銀行　片倉　寧史）

第2章

10の原則

1 EPの全体構成

　EPは、10の原則の各章を中心に、その前段に「前文」「適用範囲」および「アプローチ」の３章を置き、後段に「付属書（ＡおよびＢ）」、および「別紙」を配する構成になっている。

　「前文」では、EPの基本的理念や、その目的と効果、およびEP採択金融機関（以下「EPFI」）の責務を明記するなど、EPの全体的な概念を示している。

　「適用範囲」では、EP適用対象の４つの金融取引・サービス（プロジェクトファイナンス・アドバイザリーサービス（以下「FA業務」）、プロジェクトファイナンス、プロジェクト紐付きコーポレートローン、およびブリッジローン）の定義を説明する。

　「アプローチ」では、プロジェクトファイナンスとプロジェクト紐付きコーポレートローンは、10の原則の要件を全て満たした案件にのみ提供されるとのEPFIの基本的な融資姿勢の提示と、FA業務とブリッジローンの場合のEPFIがとるべき対応、およびEPFI間の情報共有に関する説明が記載されている。

　10の原則は、EPFIが実行主体となる原則１、プロジェクト実施者が実行主体となる原則２から原則９、そしてEPFIとプロジェクト実施者双方に係る原則10と、それぞれ実行主体を異にする。

　「原則１：レビュー、およびカテゴリー付与」では、プロジェクトに起因する環境・社会に対する潜在的リスクと影響の大きさに比例して、EPFIがプロジェクトにカテゴリーを付与すること、および付与するカテゴリーの要件を定める。

　「原則２：環境・社会アセスメント」では、原則１におけるカテゴリー付与結果に見合った具体的な環境社会リスクと影響の特定・評価（アセスメント）の実施をEPFIがプロジェクト実施者に対して要求すること、およびア

図表2-1　EP第3版の構成

前文		EPの目的やEPFIの責務を明示、EPFIは顧客がEPを遵守しない、または遵守できないプロジェクトに対しファイナンスを提供しない。
適用範囲		EPは、全ての国・地域、かつ全ての産業セクターが適用対象であり、新規プロジェクトに関連する4つの金融商品・業務に対し適用されることを明示
アプローチ		適用対象の4つの金融商品・業務への個別アプローチ方法を明示
原則1	レビュー、およびカテゴリー付与	EPFIは、プロジェクトの環境・社会影響とリスクの大きさに応じ、カテゴリーを付与
原則2	環境・社会アセスメント	プロジェクト実施者がプロジェクトの環境・社会アセスメントを実施し、評価報告書を作成
原則3	適用される環境・社会基準	国際的基準に基づくアセスメントを実施、「指定国」は自国法規制の遵守で可
原則4	環境・社会マネジメントシステムと、EPアクションプラン	適切な環境社会管理システムを導入・必要に応じ適切なアクションプランを策定
原則5	ステークホルダー・エンゲージメント	影響を受ける地域社会に対するコンサルテーション等を実施
原則6	苦情処理メカニズム	地域社会の懸念事項や苦情を受け付け、解決を促すメカニズム構築
原則7	独立した環境・社会コンサルタントによるレビュー	独立した環境・社会コンサルタントがプロジェクトのEP遵守を確認
原則8	誓約条項（コベナンツ）	融資契約書に環境社会法規制、許認可遵守・EP遵守などのコベナンツを盛り込む。
原則9	独立した環境・社会コンサルタントによるモニタリングと報告の検証	独立した環境・社会コンサルタントによる融資期間中のモニタリングと報告の検証
原則10	情報開示と透明性	顧客とEPFIの双方の情報開示義務
付属書	付属書Aおよび付属書B	付属書A（気候変動：代替案分析、温室効果ガス排出量の算定と情報開示）、付属書B（エクエーター原則／EP採択金融機関による情報開示要件)
別紙 補足情報	別紙Ⅰ・Ⅱ・Ⅲ	別紙Ⅰ（用語集）、別紙Ⅱ（環境・社会アセスメント文書に記載すべき、潜在的な環境・社会問題についての参考リスト）、別紙Ⅲ（環境・社会の持続性可能性に関するIFCパフォーマンススタンダードと、世界銀行グループの環境・衛生・安全に関するガイドライン）

セスメントの内容や必要な範囲などの要件が提示される。

「原則3：適用される環境・社会基準」では、アセスメントのプロセスでプロジェクトに適用される環境・社会基準が示され、加えてアセスメントに関連してEPFIがプロジェクト実施者に要求するべき事項が示される。

「原則4：環境・社会マネジメントシステムと、EPアクションプラン」から、「原則9：独立した環境・社会コンサルタントによるモニタリングと報告の検証」までは、EPFIによる環境・社会レビューにより明らかになった環境・社会面での課題に関し、EPFIがプロジェクト実施者に対して要求するべき事項が明示されている。

「原則10：情報開示と透明性」は、プロジェクト実施者およびEPFIの双方を対象として、情報開示の内容やその実施方法を定めている。

10の原則の後段には、補足規定である「付属書A－気候変動：代替案分析、温室効果ガス排出量の算定と情報開示」と「付属書B－エクエーター原則／赤道原則採択金融機関による情報開示要件」が続く。

最後に、「別紙」として、EP関連のテクニカルタームを解説した「用語集」と、参照文書「環境・社会アセスメント文書に記載すべき、潜在的な環境・社会問題についての参考リスト」「環境・社会の持続可能性に関するIFCパフォーマンススタンダード（以下「IFC・PS」）」と、世界銀行グループの「環境・衛生・安全に関するガイドライン（以下「EHSガイドライン」）」が添付されている。

2 前　文

Ⅰ. 前文

大規模なインフラおよび産業に係わるプロジェクトは、人および環境に負の影響を及ぼす可能性がある。我々（金融機関）は資金の貸し手として、また資金調達に関するアドバイザーとして、継続的に顧客と協力して環境・社会に対するリスクと影響を体系的に特定し、評価し、管理する。そのような協働は、持続可能な環境および社会の発展を促進し、より進化した金融、環境および社会的成果をもたらすであろう。

我々EPFIは、我々が融資とアドバイスを行うプロジェクトが社会的責任を果たし、健全な環境管理方法に従って進行することを確実にするためにEPを採択した。我々は、気候変動問題、生物多様性および人権の重要性を認識しており、プロジェクトがもたらす生態系・地域社会・気候への負の影響は、可能な限り回避されるべきであると信じる。これらへの負の影響が回避できないのであれば、それらは最小化され、緩和され、またはオフセットされるべきである。

EPの採択とその遵守は、当該プロジェクトによって影響を受ける地域社会（Affected Communities）に対する顧客の取り組みを通じて、我々自身と顧客、地元のステークホルダーに大きな恩恵をもたらすものと考える。したがって我々は、EPに則ったデューデリジェンス[1]を実施することで、金融機関という役割を通じて責任ある環境管理と人権尊重を含めた社会的に責任ある開発を推進する機会を与えられた、と認識する。

EPの目的は、共通のベースラインおよび枠組みとして機能することである。我々はEPを、プロジェクト関連の融資に係わる各行の環境・社会配慮のための社内方針、手順、基準に組み入れることを約束する。我々は、顧客がEPを遵守しない、または遵守出来ないプロジェクトに対してはプロジェクトファイナンスもしくはプロジェクト紐付きコーポレートローン（Project-Related Corporate Loan：PRCL）を提供しない。プロジェクトの初期段階で提供されるブリッジローン（Bridge Loan）とプロジェクトファイナンス・アドバイザリーサービス（Project Finance Advisory Services：FA業務）の場合、我々は顧客がEPを遵守する意向を明確に伝えることを求める。

EPFIはEPの実施経験、継続的な学習や新しいグッド・プラクティスなどをEPに反映するために、その内容を適宜再検討する。

1　人権デューデリジェンスについては「ビジネスと人権に関する指導原則：国際連合『保護、尊重及び救済』枠組実施のために」（英文名："Guiding Principles on Business and Human Rights：Implementing the United Nations 'Protect, Respect and Remedy' Framework"）参照

前文では、「EPの基本的理念」「EPの目的と期待」および「EPFIの責務」が述べられている。

「持続可能な環境および社会の発展を促進し、より進化した金融、環境および社会的成果」という一行には、企業存続に不可欠な経済的活動の基礎に、環境・社会にも配慮した活動をバランスよく調和させて、持続的成長が可能（サステイナブル）な社会を目指すという「トリプル・ボトム・ライン」をベースラインにした、CSR（企業の社会的責任）の理念が、EPにも強く反映されていることを示している。

次にプロジェクトにEPを適用する目的を、「生態系・地域社会・気候への負の影響は、可能な限り回避」し、「回避できないのであれば、それらは最小化され、緩和され、またはオフセットされるべき」とする。そして、その

期待が、「我々自身と顧客、地元のステークホルダーに大きな恩恵をもたらす」ことであると明示する。

そして、EPFIの責務として、「EPを、プロジェクト関連の融資に係わる各行の環境・社会配慮のための社内方針、手順、基準に組み入れる」ことを約束し、「顧客がEPを遵守しない、または遵守出来ないプロジェクトに対してはプロジェクトファイナンスもしくはプロジェクト紐付きコーポレートローンを提供しない」という、環境・社会に配慮した融資方針を宣言する。

前文で示されるEPのフレームワークは、EPFIとプロジェクト実施者との協働をベースにしている点で一貫している。EPFIは「継続的に顧客と協力して環境・社会に対するリスクと影響を体系的に特定し、評価し、管理する」ことを通じ、言い換えれば「地域社会に対する顧客の取り組みを通じて」「責任ある環境管理と人権尊重を含めた社会的に責任ある開発を推進する」ことが期待されているのである。

3 適用範囲

Ⅱ．適用範囲

EPは、全ての国・地域、かつ全ての産業セクターが適用対象である。

EPは、新規プロジェクトに関して以下の4つの金融商品・業務に対して適用される。

1. プロジェクトファイナンス・アドバイザリーサービス（FA業務）。プロジェクト総額が1,000万米ドル以上の全ての案件。
2. プロジェクトファイナンス。プロジェクト総額1,000万米ドル以上の全ての案件。
3. プロジェクト紐付きコーポレートローン（PRCL）（バイヤーズクレジット（Buyer Credit）型の輸出金融〈Export Finance〉を含む）。以下4つの条件を全て満たす場合。

    ⅰ．借入額の過半が、顧客が当該プロジェクトの実質的な支配権（Effective Operational Control）を（直接的または間接的に）有する単一のプロジェクト関連向けである。
    ⅱ．総借入額が1億米ドル以上。
    ⅲ．そのEPFIのコミット額（シンジケーション組成もしくはセルダウン前）が5,000万米ドル以上。
    ⅳ．貸出期間が2年以上。

4. ブリッジローン。貸出期間2年未満で、上述条件を満たすプロ

> ジェクトファイナンス、もしくはプロジェクト紐付きコーポレートローンによってリファイナンスされることを意図したもの。
>
> EPは遡及適用されない。しかし、既存設備の拡張・改修によって、規模あるいは目的の変更が重大な環境・社会に対するリスクと影響を生み出す可能性がある場合、または既存の影響の内容または程度を大きく変える可能性がある場合、EPFIはこれをEPの適用対象とする。

EPは、大規模な開発事業などの新規プロジェクトまたは既存プロジェクトの拡張（環境・社会面で重大な追加的影響が生じる場合）に向けられる融資を対象としている。たとえば、発電、鉱山開発、石油・ガス開発、道路建設などが代表的なプロジェクトである。

(1) 適用される金融商品・業務

EPは、以下の4つの金融商品・業務に適用される。
① プロジェクトファイナンス
② プロジェクトファイナンス・アドバイザリーサービス（FA業務）
③ プロジェクト紐付きコーポレートローン
④ ブリッジローン

(2) プロジェクトファイナンス

プロジェクトファイナンスとは、「貸出人が、単独プロジェクトからの収入を債務返済の原資かつ与信の担保としてみなして貸出す方法」である。プロジェクトから生み出されるキャッシュフローを返済原資として多額の資金を長期で調達することを可能とするなどのメリットがあるため、巨額の資金調達が必要なプロジェクトに利用されている。

プロジェクトファイナンスの場合、プロジェクトの総費用が1,000万米ドル以上のプロジェクトにEPが適用される。プロジェクトファイナンスで資

金を調達するプロジェクトは巨額な資金を必要とするものが多く、ほぼ全てのプロジェクトにEPが適用されると考えられる。

(3) プロジェクトファイナンス・アドバイザリーサービス（FA業務）

プロジェクトの総費用が1,000万米ドル以上の場合、プロジェクトファイナンスの組成に向けた資金調達に関する顧客への助言を目的とするFA業務にもEPが適用される。一方で、マーケット分析などを目的とするFA業務にはEPは適用されない。

(4) プロジェクト紐付きコーポレートローン

プロジェクト紐付きコーポレートローンとは、事業会社（民間、公的、国有もしくは政府支配下にあるもの）向けの融資で、新規開発または拡張のいずれかに該当する単一のプロジェクトに紐づいている融資を指す。

ヘッジ取引、リース取引、信用状取引などは、融資ではないためEPの適用対象外である。

さらに、資金使途が特定されない融資や会社の操業維持を目的とした一般運転資金の融資、航空機・貨物船・設備などの資産購入を目的とする融資、買収ファイナンスは、EPの適用対象外である。

以下①〜④の全ての条件に該当する、プロジェクト紐付きコーポレートローンにEPが適用される。

① 総借入額の50％超が単一のプロジェクトに向かい、かつ、当該プロジェクトの実質的な支配権を借入人が有すること
② プロジェクトの総借入額が1億米ドル以上であること
③ そのEPFIの融資コミット額が5,000万米ドル以上であること
④ 貸出期間が2年以上であること

各条件の説明と例示を以下に示す。

a　総借入額の50％超が単一のプロジェクトに向かう

　総借入額とは、EPFIとEPFI以外の金融機関から調達した資金の総額で、この総額の50％超が向かうプロジェクトはEPの適用対象となる。

① EPが適用される例

　総借入額2億米ドルの融資が、プロジェクトA（1.5億米ドル）とプロジェクトB（5,000万米ドル）の2つのプロジェクトに向かう場合、プロジェクトA（1.5億米ドル）は総借入額2億米ドルの50％超（1億米ドル超）となるため、EPが適用される。

② EPが適用されない例

　総借入額1.8億米ドルの融資が、プロジェクトA（6,000万米ドル）とプロ

図表2－2　単一のプロジェクトに総借入額の50％超が向かう場合

| プロジェクト総借入額 2億米ドル（EPFI X、EPFI Y、その他） | → 1.5億米ドル → プロジェクトA　○ 対象 |
| | → 5,000万米ドル → プロジェクトB　× 対象外 |

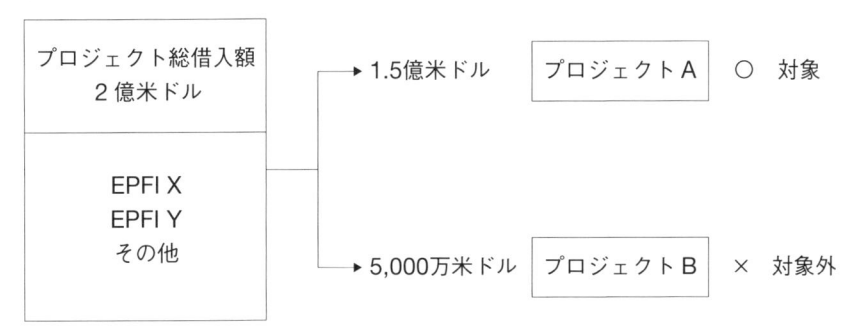

図表2－3　単一のプロジェクトに総借入額の50％超が向かわない場合

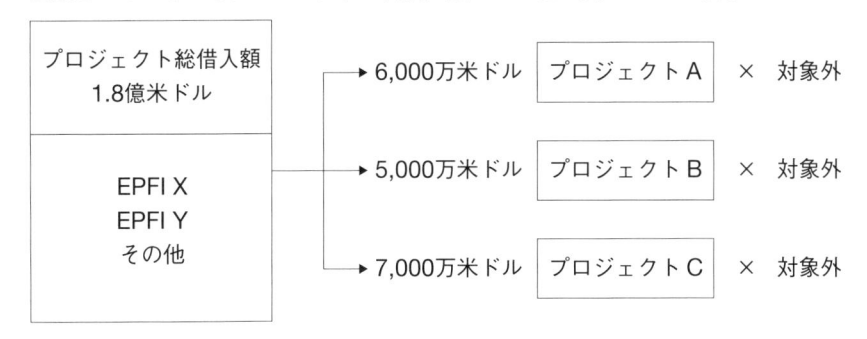

プロジェクト総借入額 1.8億米ドル（EPFI X、EPFI Y、その他）	→ 6,000万米ドル → プロジェクトA　× 対象外
	→ 5,000万米ドル → プロジェクトB　× 対象外
	→ 7,000万米ドル → プロジェクトC　× 対象外

ジェクトB（5,000万米ドル）、プロジェクトC（7,000万米ドル）の3つのプロジェクトに向かう場合、いずれも総借入額1.8億米ドルの50％超（9,000万米ドル超）とならないため、EPは適用されない。

b 当該プロジェクトに対する実質的な支配権を借入人が有する

「実施的に支配（Effective Operational Control）」しているとは、「直接的な支配」と「間接的な支配」を含む。「直接的な支配」とは、借入人がプロジェクトの主要な株主である場合やプロジェクトのオペレーションを担当している場合で、「間接的な支配」とは借入人の子会社がプロジェクトのオペレーションを担当している場合などをいう。

① バイヤーズクレジット

バイヤーズクレジット（中長期輸出金融で、輸出者サイドの金融機関が、輸入者もしくは輸入サイドの銀行に融資するもの）の場合は、借入人がプロジェクトの設備や技術などの輸入者であり、直接的にプロジェクトを支配すると判断されるためEPが適用される。

② サプライヤーズクレジット

サプライヤーズクレジット（海外顧客向け輸出業者に供与される中長期の輸出与信）の場合は、借入人が設備や技術などの輸出者であり、プロジェクトを実質的に支配しないと判断されるため、EPは適用されない。

③ ツーステップローン

ツーステップローン（プロジェクト所在国などの金融機関を経由してプロジェクト実施者に融資するもの）の場合は、借入人がプロジェクト所在国などの金融機関であり、プロジェクトを実質的に支配していないと判断されるため、EPは適用されない。

図表2－4 ツーステップローンの例

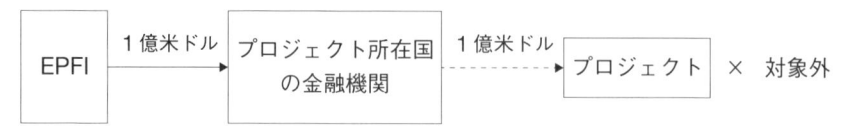

| EPFI | →1億米ドル→ | プロジェクト所在国の金融機関 | ⇢1億米ドル⇢ | プロジェクト | × 対象外 |

④ 政府向けの融資

　発展途上国などで、中央政府が借入人となる場合は、中央政府がプロジェクトを実施するものではなく、実質的にプロジェクトを支配しないと判断されるためEPは適用されない。

c　総借入額が1億米ドル以上

　プロジェクトに向かうローンが同時に複数ある場合、その複数のローンの合算が総借入額となる。たとえば、IFCが融資するAローン（6,000万米ドル）とEPFIを含む民間金融機関が融資するBローン（6,000万米ドル）がある場合、総借入金額は合算で1.2億米ドルとなり、EPが適用される。

図表2－5　複数のローンがある場合

```
                  Aローン
                  6,000万米ドル
    ┌─────┐              　総借入額
    │ IFC │              　1.2億米ドル       ┌──────────┐
    └─────┘    Bローン          ─────→    │ プロジェクト │   ○ 対象
    ┌──────────┐ 6,000万米ドル              └──────────┘
    │EPFI・その他│
    └──────────┘
```

d　そのEPFIの融資コミット額が5,000万米ドル以上

　融資金額は、コミット額（EPFIが借入人に対して約束した融資額）で判定する。融資実行後に融資の一部をEPFIが債権流動化などの手法で他者に売却する場合であっても、売却前に約束したコミット額で判断する。

　または、当初8,000万米ドルの融資をコミットしていたEPFIが、コミット後に他行が4,000万米ドルを引き受けたことによって、最終的な融資額が4,000万米ドルとなった場合、融資実行額ではなくコミット額の8,000万米ドルでEPの適用を判断する。

e　貸出期間が2年以上

　プロジェクトファイナンスのEP適用要件とは異なり、プロジェクト紐付

きコーポレートローンでは貸出期間の条件を設定している。

(5) ブリッジローン（つなぎ融資）

ブリッジローンとは、プロジェクトの計画段階や基礎的工事段階などで利用される短期融資（EPでは貸出期間が2年未満と定義）のことで、将来、EPの適用対象となるプロジェクトファイナンスまたはプロジェクト紐付きコーポレートローンでの借換えが予定されている場合にはEPが適用される。

一方、債券発行によるリファイナンスを前提とするブリッジローンはEPの適用対象外である。

(6) 操業中のプロジェクト

EPは操業中のプロジェクトには原則適用されない。

ただし、操業中のプロジェクトに追加融資をする際、規模あるいは目的の変更に伴い、設備の拡張・改修などによって重大な環境・社会リスクと影響を生み出す可能性がある場合は、EPが適用される。

たとえば、操業中の火力発電所への融資で、増設や設備の変更が含まれる場合は、排出される汚染物質の増加により、重大な環境・社会リスクと影響を生み出す可能性があると考えられるためEPが適用される。

4 アプローチ

Ⅲ．アプローチ

プロジェクトファイナンスとプロジェクト紐付きコーポレートローン（PRCL）

EPFIは、原則1～原則10の要件を満たす案件にのみ、プロジェクトファイナンスおよびPRCLを提供する。

プロジェクトファイナンス・アドバイザリーサービス（FA業務）とブリッジローン

EPFIがFA業務を提供する場合、もしくはブリッジローンを提供する場合、EPFIは当該プロジェクトに関して顧客にEPの内容、EPの適用、メリットなどについて理解させる。EPFIは、顧客が後に長期資金を調達する場合、EPの要求事項を満たす意思があることを表明するよう求める。EPFIは顧客がEPを適用する段階まで、顧客を導き、サポートする。

（原則1で定義される）カテゴリーAもしくはカテゴリーBを付与されたプロジェクト向けのブリッジローンについては、該当する場合は以下の要件が適用される。プロジェクトがまだ調査段階で、貸出期間中に環境・社会への影響が生じないと見込まれる場合、EPFIは顧客が環境・社会アセスメント（Environmental and Social Assessment）を実施することを確認する。アセスメント文書（Assessment Documentation）が作成済みで、プロジェクトが貸出期間中に実際に始まると見込まれる場合、

EPFIは必要に応じて、顧客と協働して独立した環境・社会コンサルタント（Independent Environmental and Social Consultant）を指名し、（原則7に定める）独立したレビュー（Independent Review）を開始するための業務範囲の設定を検討する。

情報共有

マンデートを取得したEPFI（Mandated Equator Principles Financial Institution）は、業務秘密保持制約や然るべき法律・規制を考慮しつつ、EPを整合性がとれた形で適用することのみを目的として、他のマンデートを取得した金融機関（Mandated Financial Institution）と関連する環境・社会に関する情報を必要に応じて共有する。また、この情報共有は、競合上取り扱いに注意を要する情報は共有対象としない。（「適用範囲」で定義された）金融商品・業務の提供可否および条件等の一切の判断は各EPFIそれぞれのリスク管理方針に応じてなされる。案件を検討しているEPFIは時間的な制約のため、他の全ての金融機関が正式にマンデートを取得する前に、上記のような情報共有についての許可を顧客に求めることもありうる。EPFIは、顧客がその許可をするものと想定している。

本アプローチでは、EPが適用される4つの金融商品・業務に対するEPの基本的な考え方を示している。

(1) 「プロジェクトファイナンス」と「プロジェクト紐付きコーポレートローン」

EPFIは、EPの「10の原則」が定める要件が充足されていることを確認し、融資を行う。

つまり、EPFIはEPを遵守しない、または遵守できないプロジェクトに対

しては、プロジェクトファイナンスまたはプロジェクト紐付きコーポレートローンを提供しないという前文をふまえている。

(2) 「プロジェクトファイナンス・アドバイザリーサービス（FA業務）」とブリッジローン

EPFIはプロジェクト実施者に、EPの内容やメリットを説明し、早い段階からEPが遵守されることを求める必要がある。また、EPFIは、プロジェクト実施者に対して、プロジェクトファイナンスの段階でEPを遵守する意思があるかの確認を行う。

ただし、カテゴリーAおよびカテゴリーBのプロジェクト（本章⑤「【原則1】レビュー、およびカテゴリーの付与」参照）向けのブリッジローンに対しては、以下の対応が必要となる。

a　ブリッジローン期間中に環境・社会への影響が生じない場合

プロジェクトが初期段階で、ブリッジローン期間中に用地取得や建設工事などが始まらず、環境・社会への影響が生じないと見込まれる場合、EPFIはプロジェクト実施者が、EP遵守のために環境・社会アセスメントを実施する計画があることを確認しなければならない。

b　ブリッジローン期間中に環境・社会への影響が生じる場合

プロジェクトの環境・社会アセスメント文書が作成され、ブリッジローン期間中に用地取得や建設工事（浚渫、埋立て、干拓等の土地造成）などが始まると見込まれる場合、EPFIは必要に応じて、後述の「原則7：独立した環境・社会コンサルタントによるレビュー」に定める独立した外部コンサルタント（以下「外部コンサルタント」）をプロジェクト実施者と協働して指名し、外部コンサルタントによるレビューの範囲を検討しなければならない。

(3) 情報共有

複数のEPFIが参加するプロジェクトでは、マンデートを取得したEPFI

は、借入人との秘密保持契約や法規制に反しないことを前提に、環境・社会関連の情報（競争上取扱いに注意を要する情報は含まない）を必要に応じて共有する。

5 【原則1】レビュー、およびカテゴリー付与

原則1：レビュー、およびカテゴリー付与

プロジェクトに対する融資を打診された場合、EPFIはそのプロジェクトにカテゴリーを付与する。カテゴリーは、潜在的な環境・社会に対するリスクと影響の大きさに応じて、社内の環境・社会レビューおよびデューデリジェンスの一環として付与される。このスクリーニングは、国際金融公社（IFC）の環境・社会カテゴリー付与のプロセスに基づく。

カテゴリー付与により、EPFIの環境・社会デューデリジェンスは、プロジェクトの性質、規模、段階、および環境・社会に対するリスクと影響の大きさに見合ったものとなる。

カテゴリーは以下のとおり：

カテゴリーA － 環境・社会に対して重大な負の潜在的リスク、または、影響を及ぼす可能性があり、そのリスクと影響が多様、回復不能、または前例がないプロジェクト。

カテゴリーB － 環境・社会に対して限定的な潜在的リスク、または、影響を及ぼす可能性があり、そのリスクと影響の発生件数が少なく、概してその立地に限定され、多くの場合は回復可能であり、かつ、緩和策によって容易に対処可能なプロジェクト。

> カテゴリーC － 環境・社会に対しての負のリスク、または、影響が最小限、または全くないプロジェクト。

　EPFIは本原則に従い、前述の「適用範囲」に該当する融資を検討する場合、融資対象プロジェクトの環境・社会レビューおよびデューデリジェンスのプロセスを進めるに際して、第一にプロジェクトの環境・社会に対する潜在的なリスクと影響の大きさに応じたカテゴリー（A、BまたはC）を付与することが求められる。かかるカテゴリー付与のプロセスはIFCが環境・社会持続可能性に関する方針（IFC Policy on Environmental and Social Sustainability（January 1, 2012））のなかで定めており、EPにおけるカテゴリー付与はIFCと同様の考え方で行われる。

(1)　環境・社会レビューおよびデューデリジェンス

　EPFIはEPが適用されるプロジェクトに対する融資を検討する際に、「環境・社会レビューおよびデューデリジェンス」を行う。プロジェクトの環境・社会に対するリスクと影響に関する情報を精査（レビュー）し、これらリスクと影響の大きさを詳しく評価（デューデリジェンス）する。これら評価結果に基づき、EPFIはプロジェクトがEPの要件を満たすか否か、さらにプロジェクトに対して融資するか否かを判断する。

(2)　カテゴリー付与

　カテゴリーは、プロジェクトの潜在的な環境・社会に対するリスクと影響の大きさに応じて、A（大）＞B（中）＞C（小）のいずれかが付与される。
　EPFIは、潜在的なリスクと影響の大きさを、プロジェクトの規模や事業的特性に加えて、プロジェクトの立地条件や、周辺地域の特性にかんがみて影響を受けやすい地域社会や生態系の存在などを総合的に考慮し、プロジェクトのカテゴリーを判断する。仮に、プロジェクトの計画段階で、環境・社会リスクや影響の回避策または軽減策が織り込まれていても、その効果はカ

図表 2 − 6　プロジェクト実施者に適用される原則の一覧表

カテゴリー		A	B	C
原則 2	環境・社会アセスメントの実施	○	○	※
原則 3	適用される環境・社会基準の遵守	○	○	−
原則 4	環境・社会マネジメントシステムの構築と、EPアクションプランの策定	○	○	−
原則 5	ステークホルダー・エンゲージメントの実施	○	○	−
原則 6	苦情処理メカニズムの構築	○	△	−
原則 7	独立した環境・社会コンサルタントによるレビューの実施	○	△	−
原則 8	誓約条項（コベナンツ）の設定	○	○	○
原則 9	独立した環境・社会コンサルタントによるモニタリングと報告の実施	○	△	−
原則 10	情報開示と透明性の確保	○	△	−

○：適用、△：必要に応じて適用、−：適用しない
※：温室効果ガス排出量がCO_2換算で年間10万トンを超える場合のみ代替案検討が適用

テゴリーの判断には含めず、回避・軽減される前のリスクおよび影響の大きさで判断する。

　プロジェクトのカテゴリーに応じて、原則2から原則10の全部または一部が、プロジェクト実施者の満たすべき要件として適用される。

a　カテゴリーA

　カテゴリーAのプロジェクトは、「環境・社会に対して重大な負の潜在的リスク、または、影響を及ぼす可能性があり、そのリスクと影響が多様、回復不能、または前例がないプロジェクト」と定義されている。

　重大な負の影響が想定されるため、プロジェクト実施者は可能な限りプロジェクトに起因する負の潜在的リスクの顕在化を抑制し、負の影響を回避し、または影響を最小にとどめるための厳しい要求水準での環境・社会配慮

を実施することが必要となる。

　そのため、カテゴリーAのプロジェクトは、EPの要求事項の全てを充足することが求められる。

　プロジェクトがカテゴリーAになる可能性の高い要素は、以下のとおりである。

・プロジェクトサイト内または周辺に以下のような地域が存在する。
　－国立公園、自然保護区、原生林、熱帯林
　－珊瑚礁やマングローブ林、湿地などの生態学的に重要な地域
　－法律や国際条約により保護されている貴重な動植物の生息地
　－遺跡、史跡、歴史文化遺産
　－少数民族・先住民族の生活区域
・大規模な住民移転または生計手段の喪失が発生する。
・大量の地下水の揚水を行う。
・大規模な埋立て、造成、開墾、森林伐採を伴う。

【カテゴリーAプロジェクトの例】
　・自然保護区内で行う鉱山の開発・拡張
　・貴重な動植物の生息地で行う石油ガス開発
　・少数民族の生活区域の水没を伴うダム建設
　・多数の住民の立退きが必要な道路建設
　・大規模な森林伐採を伴うプランテーション事業

b　カテゴリーB

　カテゴリーBのプロジェクトは、「環境・社会に対して限定的な潜在的リスク、または、影響を及ぼす可能性があり、そのリスクと影響の発生件数が少なく、概してその立地に限定され、多くの場合は回復可能であり、かつ、緩和策によって容易に対処可能なプロジェクト」と定義されている。

　カテゴリーBのプロジェクトの場合、環境・社会に対する潜在的なリスクと影響を及ぼす可能性が限定的であるが、プロジェクトの環境・社会に対する潜在的なリスクと影響の大きさは、プロジェクトの規模や事業特性、立地

条件等によって大きく異なる。

　カテゴリーを検討する実務においては、リスクおよび影響が重大であればカテゴリーAとし、逆にリスクおよび影響が最小限または全くなければカテゴリーCとする。そのどちらにも該当しないプロジェクトは、カテゴリーBと判断する。結果的に、カテゴリーBのプロジェクトは、カテゴリーAに近いものからカテゴリーCに近いものまで幅広く存在することになる。以上のとおり、カテゴリーBのプロジェクトにはカテゴリーAに区分される重大な負のリスクと影響につながる可能性のある要素を含むものの、総合的にリスクと影響が限定的と判断されるプロジェクトも存在する。このような場合を想定し、原則6、7、9、10では、カテゴリーBのプロジェクトでも原則ごとに独立した判断で必要とされる場合には、カテゴリーAと同様の要件の充足が求められる。

【カテゴリーBプロジェクトの例】
- ダム建設を伴わず、周辺地域への大規模な浸水を伴わないことから自然保護区、動植物の生息地への重大な影響が想定されない水力発電所の建設
- プロジェクトサイト内に遺跡が存在する可能性があるが、可能性のある地域はサイトのごく一部で、重大な影響は想定されない大規模太陽光発

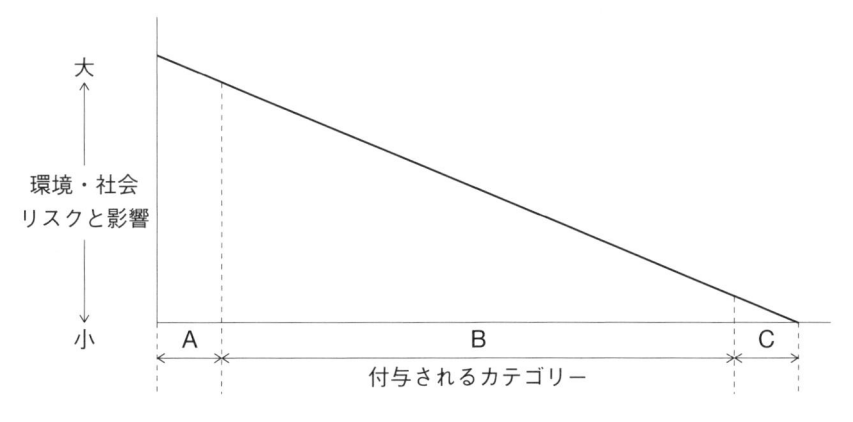

図表2－7　カテゴリーと影響の大きさモデル図

電所建設
・大規模な住民移転が発生しない既存道路の拡幅、延伸
・既存の工業団地内でのプラント建設・拡張

c　カテゴリーC

　カテゴリーCのプロジェクトは、「環境・社会に対しての負のリスク、または、影響が最小限、または全くないプロジェクト」と定義されている。

　カテゴリーCのプロジェクトは、環境・社会面の負のリスクまたは影響が最小限あるいは全くないため、プロジェクト実施者は原則2（温室効果ガスがCO_2換算で年間10万トン超排出すると見込まれる場合）、および原則8のみ充足が求められる。

【カテゴリーCプロジェクトの例】
・学校、病院、その他公共施設の建設運営
・工場の環境対策のための設備の改良

コラム2

「環境にやさしい」プロジェクト

　本文のカテゴリーCのプロジェクトの例に、一般に「環境にやさしい」といわれている太陽光発電や風力発電が含まれていないことに、疑問をもつ方がいるかもしれない。

　エクエーター原則の対象は、日本円で10億円以上(注)の投資規模のプロジェクトである。そして、実際に融資するプロジェクトは、たとえば、太陽光発電では面積が100ha（東京ディズニーランド2つ分）超、風力発電ならタワーの高さも直径も60mを超える風車が何十本と並ぶ大規模なものが少なくない。

　汚染物質を排出しない太陽光発電ではあるが、大規模なものは太陽光パネルが広大な面積を占めるため、その規模自体が環境や社会に対してリスクであり影響を及ぼす可能性がある。たとえば、敷地を整地する際には、灌木程度でも植生があれば相当数を伐採しなければならない。建設資材運搬用の道路を敷設したり、発電した電気を送電するため、高電圧の送電線を既存の送電網まで引く大規模な工事が必要な場合もある。そして、計画地付近の自然の景観が観光資源である場合、太陽光パネルが並ぶ風景やその反射光が景観を損ねるかもしれない。

（太陽光発電）　　　　　　　　　　　　©mohey-stock.foto

　一方、風力発電の場合は、自然環境への影響として鳥が風車の羽根に衝突し

て死傷する「バードストライク」がよく知られている。「風力発電所の地面には鳥の死骸が点々と落ちている」などといわれるのは眉唾ものだが、近傍の鳥類やコウモリ等の生息地や渡り鳥の飛行ルートを調査のうえ、風車を建てる影響を考慮しなくてはならない。国によっては、絶滅危惧種として法律で保護されている鳥が衝突死した場合に、事業者に罰則が適用される可能性もある。他にも、風車近隣の住民が発電機の駆動音や羽根の風切音を騒音と感じたり、晴天時に風車の羽根の影が地上で明滅する「シャドーフリッカー」という現象の及ぶ範囲にいる人が不快感を覚えることもありうる。

(風力発電)　　　　　　　　　　　　　©hayate-stock.foto

　以上のとおり、大規模な太陽光発電や風力発電は環境・社会へのリスクおよび影響がありうるため、カテゴリーＢのプロジェクトと判断されることが多い。計画段階で環境・社会面の影響を十分に考慮し、最も影響が少ない立地を選定して適切な対策を行うことで、「環境にやさしい」プロジェクトになるのである。

（三井住友銀行　浅野　佳代子）

（注）　適用範囲の項を参照（１米ドル＝100円換算）。

6 【原則2】環境・社会アセスメント

原則2：環境・社会アセスメント

カテゴリーAもしくはカテゴリーBを付与された全てのプロジェクトについて、EPFIは顧客に対し、アセスメント（Assessment）を実施することを求める。アセスメントは計画されたプロジェクトに関連する環境・社会に対するリスクと影響に対処するため、EPFIの要求を満たすように実施される（別紙IIのリストに記載のある事項を含むこともある）。アセスメント文書はプロジェクトの性質と規模に応じた適切な方法で負の影響を最小化し、緩和し、オフセットする手段を提案する。

アセスメント文書は、顧客・コンサルタント・外部専門家のいずれかによって作成されるかに係わらず、環境・社会に対するリスクと影響を適切に、正確に、客観的に評価・提示する。カテゴリーAのプロジェクトと、カテゴリーBのうち必要とされるプロジェクトについてのアセスメント文書には、環境・社会影響評価書（Environmental and Social Impact Assessment：ESIA）が含まれる。追加的に専門的な調査が必要となる場合もある。さらに、特定のハイリスクとみられる状況下では、顧客は、アセスメント文書に加えて、固有の人権課題についてデューデリジェンスを行うのが適切な場合もある。また、カテゴリーBのプロジェクトのうち、アセスメント文書にESIAを必要としないプロジェクトについては、限定的または調査対象を絞った環境または社会アセスメント（たとえば、検査）が、あるいは環境立地基準、汚染基準、設計基準、建築基準といった基準を直接に適用することもある。

全てのプロジェクトについて、所在地に関係なく、スコープ１（Scope 1 Emissions）とスコープ２（Scope 2 Emissions）合計の温室効果ガス排出量がCO_2換算で年間10万トン超になると見込まれるプロジェクトについては代替案分析を実施する。これは、温室効果ガス排出量がより少ない他の選択肢についても評価するためである。代替案分析に関する要件については付属書Ａを参照のこと。

付属書－Ａ
代替案分析
代替案分析は、プロジェクトの設計・建設・操業の各期間を通してプロジェクト関連の温室効果ガス排出量を削減する、技術的・採算的に実行可能で費用対効果の高い選択肢について評価する。

スコープ１基準の排出については、代替案分析は、該当する場合は、代替可能な燃料やエネルギー源についての検討を含む。代替案分析が当局の許認可プロセスで求められる場合は、そのプロセスの要求に沿った手順と時間軸に従う。高炭素セクターのプロジェクトの場合、代替案分析は、採用した技術について、相対的なエネルギー効率性を含めてその国・地域の同業種で使用されている他の実行可能な技術との比較分析も含む。

高炭素セクターは、世界銀行グループのEHSガイドラインに概説されている、以下のセクターを含む － 火力発電、セメント・石灰製造業、一貫製鉄所、ベースメタルの製錬業・精錬業、鋳造業。

代替案分析後、顧客は適切な文書を作成し、各選択肢が技術的・採算的に実行可能で費用対効果の高いものであることを示すエビデンスを提供する。これは適用される基準（例えばIFCパフォーマンススタンダード第３項）の要求水準を修正する、あるいは緩和するものではない。

原則2は、「原則1：レビュー、およびカテゴリー付与」の結果、カテゴリーAもしくはカテゴリーBを付与した全てのプロジェクトについて、EPFIがプロジェクト実施者に対して「アセスメント」の実施を要求することを明示し、かつアセスメントの要件を定める。

　「アセスメント」とは、「プロジェクトが影響を及ぼす地域内の環境・社会リスクと影響（労働、衛生、安全に関する問題を含む）を特定するプロセス」とEP上では定義されている。

(1) アセスメントの実施

　以下は、環境・社会影響評価書（Environmental and Social Impact Assessment、以下「ESIA」）作成を目的としたアセスメント手続を解説する。

　アセスメントでは、まずプロジェクトにより影響を受ける地域における環境・社会の現況を把握する。これがベースラインと呼ばれるものである。次にプロジェクトに係る代替案の検討が実施される場合が多い。ここではプロジェクトを実施しない選択肢についても検討が加えられる。またプロジェクトサイトとして現在の候補地がベストなのか、採用を予定している技術は予算制約のもとで最適なものかなど、プロジェクトの経済性や周辺の環境・社会に対して及ぼす影響の大きさなど、さまざまなファクターを勘案して総合的に検討される。続いてプロジェクトが所在する国や地域の環境・社会関連法規制、許認可制度などの概説が行われるのが一般的である。

　以上がアセスメントの導入部であり、ここからアセスメントは本題へと入っていく。

　EP上では、「EPFIはプロジェクト実施者に対してアセスメントの実施を求める」と明示されているが、現実的にはプロジェクト実施者自身が直接アセスメントを行うケースはきわめてまれである。プロジェクト実施者は現地事情などはよくわかっているものの、アセスメントを実施するための十分な知識や経験を有しているケースは少なく、実務的にはプロジェクト実施者はアセスメントを外部の専門家やコンサルタントに委託し、間接的にアセスメントを行うことが多い。

コンサルタントや外部の専門家は、まず専門的分野における知識や経験の点で問題はないと思われるが、それは必ずしも、特定のプロジェクトサイトおよびその周辺の状況を把握していることを保証するものではない。特に、米国やロシアのように広大な国土を有する国の場合、その国の環境・社会問題の専門家であっても、特定の地域の事情にはさほど明るくないケースもあると考えられる。たとえばアフリカにおけるプロジェクトの場合などでは、アフリカの環境・社会問題の専門家の数自体が少ないことに加え、彼らが必要にして十分な専門知識や経験を有していないケースも考えられる。

　プロジェクトサイトの状況は場所ごとに固有の特性を有するため、コンサルタントや外部の専門家は、まずは文献・資料などによる机上調査（デスクトップレビュー）を行い、プロジェクトサイトとその周辺地域の特性を把握した後、実際に現地に足を運んでの実地調査（フィールドワーク）を行うのが一般的なプロセスである。机上調査から得られた情報等を現地で実際に確認することで、環境・社会リスクと影響の大きさに対する予見可能性はいっそう高まる。その結果、より強固な対策を事前に講じるように、プロジェクト実施者に働きかけることが可能となる。

　これら、机上と現地調査で得た結果をもとに、プロジェクトに起因する潜在的な環境・社会影響とリスクの特定、ならびにそれらへの配慮策への評価が行われる。特定された環境・社会影響とリスクをどのように回避するか、回避できない場合は影響を最小化するためどのような対策を講じるべきなのかについての考察が続く。これがアセスメントのメインテーマである。

(2) アセスメント文書

　これまで述べてきたアセスメントのプロセスは、最終的に文書にまとめられることになる。この文書をアセスメント文書という。

　アセスメント文書は、EP本文上で「プロジェクトの性質と規模に応じた適切な方法で負の影響を最小化し、緩和し、オフセットする手段を提案する」とあるように、アセスメントプロセスで特定された環境・社会に対するリスクと影響を回避、回避できない場合は軽減する方法や手段を提示しなけ

ればならない。

　アセスメント文書にはさまざまな種類があるが、代表的なものとして「ESIA」および「環境・社会マネジメントプラン（Environmental and Social Management Plan、以下「ESMP」）」があげられる。

　アセスメント文書がカバーする範囲の広さとその詳細の程度は、アセスメント対象であるプロジェクトが引き起こす可能性がある環境・社会に対するリスクと影響の大きさに見合ったものとなるのが一般的である。またアセスメント文書が提示する潜在的な環境・社会に対するリスクと影響を回避または軽減する手段も、プロジェクトの性質や規模に応じた内容でなければならない。

　たとえば、水力発電所建設プロジェクトでは、ダム建設により水没する地域に住民が居住しており、プロジェクト実施に先立ち住民を別の土地へ移転させることが避けられない場合、アセスメントは生態系破壊の可能性や希少な動植物の生息状況などへの影響やリスクの特定、評価、管理に加え、移転住民への影響を可能な限り回避する移転方法、影響を回避できない場合はそれらの影響を最小化、または代償する方法を、あわせて提示する必要がある。

　しかしながら、ダム建設により水没する地域に住民が１人も存在しない場合、前述のとおり自然環境への影響を特定し、それら影響の回避方法、または影響を最小化・代償・オフセットする方法を提示すればよい。

　住民移転を伴うプロジェクトの場合は「住民移転計画」が策定されるケースが多いが、この計画では移転が必要となる世帯数（住民数）、移転住民の資産保有状況や生計手段の把握、住民移転により引き起こされる住民の精神的・経済的影響の予測、移転住民の受入候補地の状況や受入態勢、移転住民に対する補償金の金額算定根拠などがカバーされる。

　EPでは、カテゴリーＡのプロジェクトおよび環境・社会に対するリスクと影響が比較的大きいカテゴリーＢのプロジェクトについては、アセスメント文書として「環境・社会影響評価書（ESIA）」が作成される。ESIAは、「プロジェクトの潜在的な環境・社会に対するリスクと影響に関する包括的

文書」とEP上で定義されている。

　なお、ESIAは通常「環境もしくは社会に対する著しい影響を生み出す可能性が高い特定の物理的要素、側面、および設備を有する新規開発案件、もしくは大規模拡張案件のときに作成される（EP用語集）」とあるように、新規開発案件に限らず既存設備の大規模拡張の場合にも作成されるのが一般的である。

　ESMPは、「アセスメントによって明らかにされたリスクと影響を、回避・最小化・代償とオフセットを通じて軽減するための顧客の義務を要約したもの」と、EP上で定義されており、その範囲は環境・社会に対するリスクと影響の軽減措置の概要を説明したものから、「住民移転計画」や「先住民族計画」などの人権関連事項や、「廃棄物管理計画」や「大気質・水質管理計画」などの特定の環境関連事項を扱ったものまでさまざまである。

　環境・社会に対するリスクと影響が比較的小さい、ESIAの作成が要求されないプロジェクトについては、アセスメント文書には、たとえばプラント設備に係る環境基準の検査合格証といった限定的な証明書や、環境・社会関連法規制や許認可で明示される環境・社会関連基準（立地基準、汚染基準、設計基準、建築基準）などを直接引用し、それらの基準をプロジェクトが遵守できる、あるいは遵守する見込みであることを明示する文書なども含まれる。

　ESIAを含むアセスメント文書の作成は、プロジェクト所在国の法規制、許認可プロセスなどの一環として要求される場合も多い。わが国においては、一般的に「環境アセスメント」といえば、「環境影響評価法」に基づくアセスメントを指す。仮にこれを「公的アセスメント」と呼ぶことにすれば、「公的アセスメント」が要求されないプロジェクトであっても、プロジェクト実施者が自主的に独自のアセスメントを実施するケースがある。これは一般的に「自主アセスメント」と呼ばれる。たとえば、パネル設置地盤の整地のために大規模な土木工事が必要となる太陽光発電プロジェクトなど、環境・社会リスクと影響が相応に大きいと考えられるプロジェクトについては、「公的アセスメント」が求められていない場合でも、EPFIや融資を行う金融機関が、プロジェクト実施者に対して「自主アセスメント」を実施

するよう求めるケースもある。原則2の「環境・社会アセスメント」の範囲には、このような「公的アセスメント」と「自主アセスメント」の両方が含まれている。

(3) アセスメントの項目

アセスメントの項目は、EPの「別紙Ⅱ　環境・社会アセスメント文書に記載すべき、潜在的な環境・社会問題についての参考リスト」で明示されている。具体的な内容は図表2-8のとおりである。

図表2-8　アセスメントに含まれる項目

アセスメントに含まれる項目	内　容
(a)　環境・社会状況のベースラインの評価	プロジェクトが影響を及ぼす地域におけるプロジェクト実施前のサイトおよびその周辺地域の環境・社会の状況を把握すること。プロジェクトがもたらす環境・社会影響は、このベースラインを基礎としてその程度を測定することになる。
(b)　実施可能な、環境・社会的に望ましい代替案の検討	環境・社会に対する影響とそのリスクを回避、最小化、緩和、またはオフセットする代替案を比較検討するもの。代替案には「プロジェクトを実施しない」ケースも含まれる。事業目的を達成する代替手段、予定プロジェクトサイト以外の候補地、導入する設備や技術、施設の構造やレイアウトの代替案、工法や工事時期の代替案などさまざまな角度から検討される。
(c)　プロジェクト所在国の法規制、ならびに、適用すべき国際条約および国際協定の要求事項	プロジェクトが実施される地域（地域、州、国など）で適用される環境・社会関連法規制ならびに適用すべき国際条約および国際協定（例：ワシントン条約、ラムサール条約、ユネスコ世界遺産条約、国際熱帯木材協定など）の要求事項が遵守されているかを確認する。

アセスメントに含まれる項目	内　容
(d) 生物多様性の保護と保全（絶滅危惧種および改変された生息地・自然生息地・非常に重要な生息地における影響を受けやすい生態系を含む）、ならびに法定保護地域の確認	絶滅危惧種については環境省および国際自然保護連合（IUCN）のウェブサイト〔（環境省：http://www.env.go.jp参照）（IUCN：http://www.iucn.jp参照）〕からレッドリストを参照。「改変された生息地」とは、動植物などの生息地が人間の経済活動などにより元と違った状態に変わったもの。「自然生息地」とは、自然な状態のままの動植物などの生息地のこと。「非常に重要な生息地」とは、生物多様性で高い価値を有する生息地のこと。これらに加えて法律などで保護地域に指定された地域の有無を確認する（IFC・PS2012年版参照）。
(e) 再生可能な自然資源の持続可能な管理および使用（適切な独立した認証システムを通じた持続可能な自然資源の管理を含む）	「持続可能な使用」とは、自然環境から受け取ることができる範囲内で資源を人間などが使用すること。森林などの自然資源の適切な利用・管理が行われることを確認することにより、生態系サービスの劣化や安全・快適な生活への影響を回避する。「独立認証システム」の例としては、持続可能なパーム油円卓会議（RSPO：http://www.rspo.org/参照）やレインフォレスト・アライアンス認証（http://www.rainforest-alliance.org/参照）がある。
(f) 危険物質の使用および管理	火災・爆発などを引き起こす物質や、毒物、劇薬などの危険物質を適切に管理することにより、人間・動植物・環境などへの危険を防止する。
(g) 主要な災害の評価および管理	自然災害（風水害、土砂災害、地震、噴火など）や事故（交通事故、爆発、地盤沈下、土壌汚染など）に伴う被害を予測し、対策を検討する。

アセスメントに含まれる項目	内　容
(h) エネルギーの効率的な生産、配送、および使用	プロジェクトで使用するエネルギー（熱、電気）の生産、配送、使用が効率的に行われているかを評価する。
(i) 汚染の予防および廃棄物の最小化、汚染防止（液体の排出および大気への排出）、ならびに、固形および化学廃棄物の管理	水質汚染物質（重金属・油類・揮発性有機化合物など）と大気汚染物資（一酸化炭素・硫黄酸化物・窒素酸化物など）の排出、および固体廃棄物（廃プラスチック・木くず・金属くずなど）と化学廃棄物（試薬品廃液・赤泥など）の処理に係る管理体制などを評価する。
(j) 合理的に予測可能な気候変動パターンや気候条件を考慮した、プロジェクトの事業継続性、ならびにその適応性	長期間の観測値の平均的な傾向から予測される気候（気温、湿度、降水量、風量など）の変動パターンや気候条件を考慮して、プロジェクトの事業継続性が検証されていること。またプロジェクトが気候変動パターンや気候条件に適応しているかを評価する。
(k) 既存のプロジェクト、計画されているプロジェクト、および将来的に予測されるプロジェクトの累積影響	当該プロジェクトだけでなく、既存のプロジェクトや今後実施される可能性のあるプロジェクトによる影響まで含めた累積的影響を可能な限り考慮に入れた予測を行い、環境・社会に対するリスクと影響を評価する。
(l) 人権への負の影響を防止、緩和および管理するためのデューデリジェンスに沿った人権尊重	人権抑圧や人権侵害などを防止・緩和・管理するための特定・査定プロセスが実践されているか評価する。

アセスメントに含まれる項目	内　容
(m) 労働問題（4つのコアとなる労働基準を含む）、ならびに労働安全衛生	4つのコア労働基準とは、「結社の自由及び団体交渉権の効果的な承認」「あらゆる形態の強制労働の禁止」「児童労働の実効的な廃止」「雇用及び職業における差別の排除」のことで、「労働安全衛生」とは、従業員と職場の衛生および安全のこと。これらがプロジェクト従業員に対して遵守されることを評価する（国際労働機関（ILO）駐日事務所ウェブサイト：http://www.ilo.org/tokyo/lang--ja/index.htm参照）。
(n) プロジェクトの設計、レビュー、実施段階における、影響を受ける当事者に対するコンサルテーションと、当事者による協議参画	プロジェクトにおいて、影響を受ける当事者（地域住民など）に対し、プロジェクト実施者がプロジェクト内容やそのリスクと影響などを説明し、当事者の意見を聴取すること、また当事者が協議に参加できるプロセスが用意されていることを評価する。
(o) 社会経済的影響	プロジェクトにより影響を受ける地域社会のインフラ（医療インフラ、教育インフラなども含む）、人口、雇用、物価などに与える社会経済的影響について評価する。
(p) 影響を受ける地域社会、ならびに、不利な条件に置かれたグループまたは脆弱なグループに与える影響	プロジェクトにより影響を受ける地域社会、社会経済的に恵まれない人々（高齢者や身体障がい者など）、社会経済の変化に対して脆弱な人々などにプロジェクトが与える影響について評価する。
(q) ジェンダーに対する影響、およびジェンダー不均衡による影響	プロジェクトがジェンダー（性別に基づいて社会的に要求される役割）に与える影響および性差別などに基づく不均衡の影響について評価する。

アセスメントに含まれる項目	内　容
(r) 土地取得および非自発的移転	プロジェクト実施に伴う「非自発的移転」とは、物理的移転（土地取得または土地利用制限による居住地の喪失と移転）および経済的移転（生計手段の喪失）の両方を意味する。移転の回避をまず検討するが、移転を回避できない場合には「移転計画」が策定されるのが一般的である。この「移転計画」と代償が妥当か評価する（IFC・PS2012年版参照）。
(s) 先住民族、ならびに、彼ら固有の文化的制度および文化的価値に与える影響	先住民族はプロジェクトの影響を受ける脆弱な地域社会を象徴する存在であり、その地域社会は、自分たちの土地および自然・文化的資源から疎外され、搾取されるリスクに対して特に脆弱であり、彼らの経済面、社会面、文化面（文化遺産を含む）に及ぶ影響について評価する（IFC・PS2012年版参照）。
(t) 文化財および文化遺産の保護	文化財および文化遺産とは、考古学・古生物学・文化・芸術・宗教的価値を有する有形の資産に加え、伝統的生活様式を有する地域社会の文化的知識・風習といった無形の資産も含むもの。これらに対する影響を評価し保護が検討されているか評価する（IFC・PS2012年版参照）。
(u) 地域社会の衛生・安全・保安（プロジェクトにおける保安要員の使用に関するリスク、影響、および管理を含む）	プロジェクトに起因する地域社会への潜在的な衛生（伝染病の拡散など）・安全（治安悪化、交通渋滞など）・保安（警備要員の不法行為など）のリスクと影響を特定し評価する。
(v) 防火および人命の安全	社内の防火体制の整備や責任者の配置、防火訓練の実施、および消防署や警察署などとの連携を織り込んだ緊急時対応マニュアルの策定を検討する。

(4) 人権デューデリジェンス

　カテゴリーAのプロジェクトと、環境・社会に対するリスクと影響が比較的大きいカテゴリーBのプロジェクトについては、「特定のハイリスクとみられる状況」が認識されるような場合にはESIAに加えて、プロジェクト実施者が固有の人権課題についてデューデリジェンスを実施することが適切とされる。ただし、EPはどのような場合が「特別なハイリスクとみられる状況」に該当するかについては言及していない。したがって、人権デューデリジェンスの実効性は、個々のEPFIがこの部分をどう解釈し、どのような対応をするのかにかかっている。

(5) 温室効果ガス排出に係る代替案分析

　原則2は「環境・社会アセスメント」に関する章であるが、その最終パラグラフは温室効果ガス（Greenhouse Gas、以下「GHG」）に係るものである。

　GHGは生態系に甚大かつ不可逆的な影響を及ぼす地球規模での気候変動の原因である可能性が高いとの見解が、科学上での国際的な主流意見となっており、さまざまなGHG排出削減の取組みが国単位で実施されている他、世界的な削減の枠組みの成立を目指す動きも活発化している。国際的な動向については、コラム7「『温室効果ガス』をめぐる国際的な動向」（137〜139頁）を参照されたい。

　EPでは、プロジェクトのGHG予想排出量がCO_2換算量で年間10万トンを超えると見込まれる場合、GHG排出量がより少ない他の選択肢、いわゆる「代替案」について、プロジェクトの全期間（設計・建設・操業）を対象にして、プロジェクト実施者に評価・分析することを要求することとしている。

　GHGの予想排出量の算出方法は、たとえばGHGプロトコル（The Greenhouse Gas Protocol, "A Corporate Accounting and Reporting Standard"）のような国際的に認知された方法やグッドプラクティス（優れた取組み）に従ってプロジェクト実施者が行う。GHGプロトコルとは、米国のシンクタンクである世界資源研究所と、「持続可能な発展のための世界経済人会議」が定

めた、GHG排出量算定方式および報告方式についてのガイドラインである。

　算出対象は、いわゆる「スコープ１」基準の排出と「スコープ２」基準の排出である。スコープ１基準の排出とは、プロジェクトの敷地境界内にあるプロジェクト実施者が所有または管理する施設などから直接排出されるGHGを指す。スコープ２基準の排出とは、プロジェクトの敷地境界外に所在する発電所などの施設から、プロジェクトで使用するエネルギー（電力・熱または蒸気）を生産する段階で排出されるGHGを指す。

　代替案分析の目的は、EP上の「付属書A‒気候変動：代替案分析、温室効果ガス排出量の算定と情報開示」において「プロジェクトの設計・建設・操業の各期間を通してプロジェクト関連の温室効果ガス排出量を削減する、技術的・採算的に実行可能で費用対効果の高い選択肢について評価する」こととされている。

　スコープ１基準の排出に関する代替案分析は、代替可能な燃料やエネルギー源についての検討を含む。たとえば、火力発電所のケースでは、原料を天然ガスとするか石炭とするかで大きくGHG予想排出量は変わってくる。

　また同じ天然ガス焚きの火力発電プロジェクトであっても、単機の燃焼タービンを備えている場合と比べれば、燃焼タービンと蒸気タービンを複合させたGTCC方式（ガスタービン・コンバインド・サイクル方式）の場合には、発熱量当りのGHG排出量は相当程度低減が可能であるとされる。

　ところで、GHGを大量に排出するセクター（EHSガイドラインでは「高炭素セクター」と呼ばれる、火力発電、セメント・石灰製造業、一貫製鉄所、ベースメタルの製錬業・精錬業、鋳造業、などが含まれる）の場合には、代替案分析は、採用した技術について、相対的なエネルギー効率性を含めてその国・地域の同業種で使用されている他の実行可能な技術との比較分析も含むとあり、プロジェクト所在国の同一セクターにおいて、技術的な信頼性が確立された実行可能な技術と比較分析することが要求される。

　たとえば、直接発生源からCO_2を回収・輸送・貯蔵するCCS（Carbon Dioxide Capture & Storage）技術は、大気中へのGHG排出量を直接削減する切り札として、主に日系企業によって技術的な確立が進んでいるが、CO_2を輸

送するパイプライン設備を必要とすることや、CCS導入がコスト高につながるという経済合理性の観点から導入が進んでいないという面もある。2012年改訂版EHSガイドライン（火力発電セクター）ではCCS技術は「現時点では実験的段階」と位置づけられている[*]。

　代替案分析を実施する際に、プロジェクト実施者は各選択肢が技術的・採算的に実行可能で、かつコストに見合うものであることを検証し、その検証結果のエビデンスをEPFIに提供することが求められる。

　ただし、「代替案分析」を実施した結果として、プロジェクト実施者が代替燃料や代替技術を選択したとしても、IFC・PS第3基準「資源の効率的利用と汚染の防止」の要求事項である、EHSガイドラインを含む「国際的に妥当な業界プラクティス（Good International Industry Practice）」の遵守を要求することには変わりはない。

　スコープ2基準の代替案分析については、付属書Aでは述べられていない。

---

[*] "The application of carbon capture and storage (CCS) from thermal power projects is still in experimental stages worldwide although consideration has started to be given to CCS-ready design."「2012年改訂版EHSガイドライン（火力発電セクター）」。

コラム3

動植物への影響について

　「赤道原則」を採択している金融機関は、プロジェクトに起因するさまざまな環境・社会影響についての顧客配慮の確認が必要ですが、その確認項目の1つに動植物への影響があります。

　生物多様性の観点では、あらゆる動植物の多様性を認識し、それらへの影響が軽減されるように金融機関として事業者へ働き掛ける必要があります。

　私が環境・社会レビューを担当した豪州のある案件では、サイトの近くに「キンスジアメガエル（Green and Golden Bell Frog）」というカエルが生息しているとアセスメント資料にありました。体長9センチほどの可愛らしい（！）カエルは、豪州では希少生物として大切に扱われ、保護ガイドライン[注1]が存在します。レビューした環境影響評価書でも、「大変残念ながら現地実査の際にキンスジアメガエルの死骸が2匹見つかった」と重々しく悲痛なトーンで書かれていたのですが、なんと、お隣のニュージーランドでは外来種として見つかり次第、駆除されていることを後日知りました。

　このように、国が変われば動植物に対する扱いも真逆なことがあるため、環境・社会レビューにおいてはIUCN（国際自然保護連合）レッドリスト[注2]のほかに、プロジェクト所在国ではどういった扱いになっているかを確認することも、重要なポイントになります。

　また、「生物多様性」保護の観点は、プロジェクトのセクターごとに異なります。たとえば、風力発電では回転する風車が渡り鳥やサイト周辺の鳥類やコウモリ等を巻き込む可能性がないかを確認します。

　また、火力発電所の場合は、温排水による魚や水生生物への影響がポイントになることがあります。大規模な土地造成が必要な太陽光発電などの場合には、貴重な動植物がプロジェクトサイト内に生息している場合の移動や移植等がポイントになります。

　プロジェクトサイトの周辺に、条約や国に指定された動植物の保護区がある場合も、その保護区にプロジェクトが影響しないかを確認します。特にその地域固有の動植物については影響緩和策がしっかりと立てられているか確認し、必要に応じて事業者に追加で影響緩和策を立てるように依頼する場合もあります。

　影響緩和策の例としていままででいちばん興味深かったのは、ある高速道路

建設案件でgreen bridge（緑の橋）と呼ばれる動物専用の橋を高速道路の上に建設して動物が渡れるようにする、というアイデアでした。車が往来する道路上の橋をリスやシカが器用に渡っている姿を目に浮かべると、何か童話の世界のような不思議な感覚を覚えました。ちなみにドイツでは、この動物専用のgreen bridgeを無意味に人間が渡ると罰金を払わなくてはならない場合もあるそうです。

　またプロジェクトサイトに野生動物が生息している場合は、その動物を傷つけずに捕獲してプロジェクトサイトと同じような環境の別の場所へ移転させることもありますし、プロジェクトサイト周辺に生息している動物の繁殖期を避けて工事を行う場合もあります。

　このようにさまざまな方法でプロジェクトによる動植物への影響を軽減し、生物多様性を守るために、お客さまに努力していただくようわれわれが働きかけることも、金融機関の大事な役目と認識し、動物好きな私は日々の業務に取り組んでおります。

（三菱東京UFJ銀行　加藤　友美）

（注１）　The Best Practice Guidelines-Green and Golden Bell Frog Habitat.
（注２）　絶滅のおそれのある世界の野生生物のリスト。

7 【原則3】適用される環境・社会基準

原則3：適用される環境・社会基準

アセスメントのプロセスにおいては、第一に、プロジェクト所在国の環境・社会問題関連法規制、許認可の遵守状況を示さなければならない。

EPFIは多様な市場で活動する。その中には、市民と自然環境を守るための確固たる環境・社会に関するガバナンス、法制度、組織を有するところもあれば、中にはまだ環境・社会問題を管理するための技術的・組織的な能力が発展途上段階のところもある。

EPFIは、アセスメントのプロセスにおいては、以下の適用基準の遵守について評価するよう求める。

1．「指定国以外の国」(Non-Designated Countries) に立地するプロジェクト：アセスメントのプロセスにおいて、プロジェクトがその時点のIFCパフォーマンススタンダード（"IFC Performance Standards on Environmental and Social Sustainability"）と、世界銀行グループの環境・衛生・安全（EHS）ガイドライン（"World Bank Group Environmental, Health and Safety Guidelines"）の基準を満たしているかを評価すること。

2．「指定国」(Designated Countries) に立地するプロジェクト：アセスメントのプロセスにおいて、プロジェクトがその国の環境・社会関連法規制、許認可などを遵守していることを評価する。プロジェクト所

> 在国の法律は、原則2の環境・社会アセスメント、原則4のマネジメントシステムとアクションプラン、原則5のステークホルダー・エンゲージメント、原則6の苦情処理メカニズム、の要求基準を満たしている。
>
> アセスメントのプロセスは、EPFIが納得できるように、そのプロジェクトが適用基準を遵守しているか、あるいはその基準から乖離する場合、EPFIが許容できる範囲におさまっていることを確認する。上記の適用基準は、EPFIの最低要求水準を表す。EPFIは自社の判断において追加的な基準を適用することができる。

(1) プロジェクト所在国の環境・社会関連法令の遵守

原則3は、「原則2：環境・社会アセスメント」で定めているアセスメントプロセスで適用される環境・社会基準を定めており、全てのプロジェクトに対し、プロジェクト所在国の環境・社会関連法規制の遵守と許認可の取得・維持を求めている。国の法令だけではなく、地方自治体が定めた条例の遵守や許認可の取得・維持も含まれる。

図表2－9　主な環境・社会関連法令

環境関連法令	環境影響評価法、大気汚染防止法、水質汚濁防止法、騒音規制法、悪臭防止法、土壌汚染対策法、自然環境保護法、絶滅のおそれのある野生動植物の種の保存に関する法律　等
社会関連法令	先住民族の土地権利に関する法律、景観法、労働基準法、労働組合法、労働安全衛生法　等

(2) プロジェクト所在国の区分と適用される基準

a 「指定国」と「指定国以外の国」

EPは、プロジェクト所在国を「指定国」[*]（Designated Countries）と「指定国以外の国」（Non-Designated Countries）に分けて、適用基準を定めている（図表2－10）。

EPは、「指定国」は環境・社会に関する十分なガバナンス、法制度、組織を整備していることを前提とし、「指定国以外の国」は、環境・社会問題を管理するための技術的・組織的な能力が発展途上段階であることを前提としている。

たとえば、環境アセスメント制度で実施すべき事項を比較すると、図表2－11のとおり、「指定国」のフランスやカナダでは、「情報開示」「公衆の

図表2－10 プロジェクト所在国の区分（2015年9月末現在）

プロジェクト所在国	定 義
指定国	市民と自然環境を守るために構築された強固な環境・社会に関するガバナンス、法体系、組織を有すると考えられる国 オーストラリア、オーストリア、ベルギー、カナダ、チリ、チェコ、デンマーク、エストニア、フィンランド、フランス、ドイツ、ギリシャ、ハンガリー、アイスランド、アイルランド、イスラエル、イタリア、日本、韓国、ルクセンブルク、オランダ、ニュージーランド、ノルウェー、ポーランド、ポルトガル、スロバキア、スロベニア、スペイン、スウェーデン、スイス、英国、米国
指定国以外の国	上記以外の国

(*) EPが定めている「指定国」とは、世界銀行が区分している「高所得OECD諸国」であり、EP協会のウェブサイトに掲載されている。
　　EP協会ウェブサイト：http://www.equator-principles.com/index.php/designated-countries

第2章　10の原則　55

図表2-11　環境アセスメント制度の比較　　　　必須：○、不要：×

区　分	国	情報開示	公衆の参加	苦情処理メカニズム
指定国	フランス	○	○	○
	カナダ	○	○	○
指定国以外の国	インドネシア	○	○	×
	フィリピン	×	○	×

（注）　2015年9月末時点の著者調査によるもの。

参加」「苦情処理メカニズム」が義務づけられている一方で、「指定国以外の国」のインドネシアやフィリピンでは一部のみしか求められておらず、一般的に「指定国」のほうが十分な法制度を有していると考えられる。

b　「指定国以外の国」で実施するプロジェクト

「指定国以外の国」で実施するプロジェクトの場合、プロジェクト実施者は、プロジェクト所在国の環境・社会関連法令の遵守に加え、IFC・PSとEHSガイドラインを遵守しなければならない（図表2-12および13）。

たとえば、石炭火力発電の大気排出基準についてベトナムの基準とEHSガイドラインの基準を比較すると、図表2-14のとおり、粒子状物質（PM）の排出基準では大きな乖離がある。したがって、「指定国以外の国」のプロジェクトでは、プロジェクト所在国の環境・社会関連法令の遵守だけではなく、IFC・PSとEHSガイドラインを適用基準としている。

c　「指定国」で実施するプロジェクト

「指定国」は、環境・社会に関する十分なガバナンス、法制度、組織を有しているという前提に基づき、指定国で実施するプロジェクトにはIFC・PSとEHSガイドラインの適用を求めていない。

また、EPでは「指定国」で実施するプロジェクトは、プロジェクト所在国の法規制を遵守している限り、以下の原則を満たしているとみなされる。

図表2-12　IFCパフォーマンススタンダード

IFCが環境・社会配慮に関する借入人への要求を示したもので、以下の8つの項目で構成されている。 PS1：環境・社会に対するリスクと影響の評価と管理 PS2：労働者と労働条件 PS3：資源効率と汚染防止 PS4：地域社会の衛生・安全・保安 PS5：土地取得と非自発的住民移転 PS6：生物多様性の保全及び自然生物資源の持続的利用の管理 PS7：先住民族 PS8：文化遺産

図表2-13　世界銀行グループのEHSガイドライン

国際的な業界水準を含む技術参考文書で、プロジェクトが一般的に可能と考えられる実績水準・方法が含まれており、以下の2つのガイドラインをあわせて利用することを前提としている。 ［一般EHSガイドライン］ 全ての産業セクターに適用できるように環境・衛生・安全について分野横断的な情報を含んでいる。本ガイドラインは、以下の4つの項目から構成されている。 ①　「環境」 ②　「労働安全衛生」 ③　「地域社会の衛生と安全」 ④　「建設・廃棄措置」 ［産業セクター別EHSガイドライン］ 鉱山開発、石油・ガス開発、石油化学プラント等の62のセクターに関する特有の影響や評価指標を含んでいる。

図表2-14　石炭火力発電事業の大気排出基準（例）

	EHSガイドライン（mg/m³）	ベトナムの排出規制（mg/m³）QCVN　22：2009
二酸化窒素（NO$_2$）	510-1,100	552.5
二酸化硫黄（SO$_2$）	200-850	425
粒子状物質（PM）	50	170

（注）　過去のプロジェクト資料をもとに著者が作成したもの。

- 原則2　「環境・社会アセスメント」
- 原則4　「環境・社会マネジメントシステムとEPアクションプラン」
- 原則5　「ステークホルダー・エンゲージメント」
- 原則6　「苦情処理メカニズム」

(3)　EPFIによる適用基準の充足確認

　EPFIはアセスメントの結果をふまえて、プロジェクトが適用基準を充足しているか確認する。プロジェクトが適用基準から乖離する場合、EPFIはその乖離が許容範囲に収まっているかどうかを確認する。

　たとえば、「指定国以外の国」で実施するプロジェクトがEHSガイドラインの騒音基準を超過する見込みであったとしても、現地基準を満たし、プロジェクトサイト周辺に影響を受ける人々・動物がいないなどの正当な理由がある場合には、EPFIは立地状況を考慮し許容できると判断することもありうる。

　「原則3：適用される環境・社会基準」では適用基準の最低要求水準を示しており、「指定国」で実施するプロジェクトであっても、EPFIが当該国の環境・社会関連法令の遵守だけでは不十分と判断する場合には、IFC・PSとEHSガイドラインの適用を要求する場合がある。

(4)　「指定国以外の国」に所在するプロジェクトに適用される環境・社会基準

　次に、「指定国以外の国」に所在するプロジェクトの環境・社会影響に対し、プロジェクト実施者が行うアセスメントにおける環境・社会基準であるIFC・PSと世界銀行グループのEHSガイドラインについて、その概要を解説する。

　なお、以下の解説は、IFC・PSおよびEHSガイドラインの目的やプロジェクト実施者が環境・社会リスクの評価・管理を行ううえで留意すべき項目を抽出してまとめたものであり、IFC・PSおよびEHSガイドライン全文を網羅的に取り上げて解説したものではない点にはご留意をいただきたい。

a　IFCパフォーマンススタンダード

　IFC・PSは、プロジェクト実施者が環境・社会リスク管理を行うにあたり、自らの責任において行うべき事項を定めたものである。環境・社会に対するリスクと影響を評価・管理する際の要求事項を定めたPS第1基準と、労働条件・汚染防止など個別の環境・社会リスク項目に対する要求事項を定めたPS第2～8基準の全8基準から構成されている。

① PS第1基準：環境・社会に対するリスクと影響の評価と管理

　PS第1基準はプロジェクト実施者が、プロジェクトの環境・社会リスクと影響を評価し、かつその評価結果に基づいて適切にプロジェクトを管理することを目的としている。効果的な管理を通じてプロジェクト実施者の環境社会パフォーマンスを向上し、また苦情処理メカニズムの適切な運用、情報公開の推進も目的にあげられている。

　本PSはそのプロジェクトの特性に応じて、ライフサイクル全体（設計／建設／試運転／操業／廃棄／閉鎖）に適用される。プロジェクト実施者に対しプロジェクトの性質、規模に応じた以下の要素を含む環境・社会マネジメントシステム（ESMS）の構築、維持を求めており、詳細は本章⟨8⟩(1)を参照願いたい。

・ポリシーの設定
・リスクと影響の特定
・マネジメントプログラム
・組織的なキャパシティーとコンピテンシー
・緊急時のための準備と対応
・ステークホルダー・エンゲージメント
・モニタリングとレビュー

② PS第2基準：労働者と労働条件

　PS第2基準は労働者の基本的権利が保護され、健全な労使関係のもと、安全で健康な職場環境であることが企業の持続可能性にとって重要であるとの観点から、労働者の公正な処遇の推進、労働法の遵守、労働者の保護等を

目的としている。たとえば劣悪な労働環境は労働争議につながり、ストライキ等で操業が停止するとプロジェクトの持続可能性に大きな影響をもたらす。さらに、安全で健康な職場環境の整備は操業効率・生産性の向上につながることも期待できる。

　本PSが適用される労働者は、プロジェクト実施者に直接雇用される労働者に加え、プロジェクト実施者から業務を請け負った第三者に雇われた労働者、さらに主要な資材等の調達先（サプライヤー）に雇用されている労働者などが対象であり、それぞれに適用される要求事項を定めている。

　㋐　直接雇用する労働者

　プロジェクト実施者が労働者を直接雇用する場合、雇用契約を文書にて取り交わすことが求められる。少なくとも国内法に準拠した労働条件を定める必要があり、また労働組合の権利（国内法で組合結成が認められない場合はそれに類する仕組みの構築）を妨げてはならない。その他、「差別の禁止」「集団解雇に必要な条件」「労働者向けの苦情処理メカニズム構築」等を定めている。

　また、「児童労働」「強制労働」は大きな社会問題の1つと認識されており、途上国の製造工場や鉱山など、劣悪な環境下で児童が働かされる実態が報道されているのはご承知のとおりである。本PSが参照するILOの基準では15歳未満（一部の国では14歳未満）の就業を禁じており、また18歳未満を雇用する場合は有害な業務につけてはならず、労働時間・健康状態などのモニタリングを求めるとしている。強制労働および人身売買された人々の雇用も禁止している。

　㋑　請負業者に雇用される労働者

　プロジェクト実施者は請負業者が法規制に沿って適切に労働者を雇用し、本PSに沿った管理態勢を構築していることの確認が求められる。ただし、全ての請負業者に対し、本PSの全ての要求事項を確認することは実質的に困難であり、プロジェクト実施者は「商業的に合理的な努力」、すなわち業務の発注者として影響力を行使できる範囲で請負業者の態勢を確認し、さらに請負契約に本PSの要求事項を反映することが求められる。

(ウ)　主要サプライヤーに雇用される労働者

　主要なサプライヤーが児童労働および強制労働が懸念される国に位置する、あるいは懸念される産業セクターに該当する場合、プロジェクト実施者はこれらのリスクを確認し、児童労働や強制労働が確認された場合はプロジェクト実施者はサプライヤーに対し是正を求めねばならない。ただし、実際に是正されるかはプロジェクト実施者のサプライヤーへの影響力によるため、是正がむずかしい場合は将来的に適切なサプライヤーに切り替えることが提言されている。

　なお、労働安全・衛生・環境を適切に確保するための具体的な対策は、世界銀行グループのEHS（環境・衛生・安全）ガイドラインにまとめられている。本章⑦「【原則3】適用される環境・社会基準」の(4) b を参照願いたい。

③　PS第3基準：資源効率と汚染防止

　PS第3基準ではプロジェクトによる環境汚染、いわゆる公害の発生を回避または最小化し、さらに資源の持続的な利用の促進と温室効果ガス（GHG）の排出削減を目的とする。

　本PSは資源利用効率の向上について①温室効果ガスの排出、②水利用の2項目の、また公害防止については③廃棄物管理、④農薬の2項目、合計4項目の原則的な考え方とプロジェクト実施者への行動基準を示している。具体的な管理技術はEHSガイドラインに従う。

　本PSの要求事項がプロジェクト所在国の規制とEHSガイドラインと異なる場合には、より厳しいほうの基準の充足をプロジェクト実施者に求める。もし特定のプロジェクトにおいて緩いほうの基準を採用することが適切と考えられる場合、プロジェクト実施者は環境・社会リスクや影響を特定するプロセスにおいて緩いほうの基準を採用した正当性を十分かつ詳細に説明する必要がある。たとえば、プロジェクトの所在する地域の大気環境基準がすでにIFCの基準値を超えており、プロジェクトからの排ガスによりさらに大気質の悪化が想定される場合でも、産業セクターの標準として妥当と判断される排ガス処理を行っており、大気質の悪化に伴う地域住民への健康被害など

の負の影響が想定されないようであれば、プロジェクトの環境配慮は適切であると判断することもありうる。

　(ア)　温室効果ガス

　本章⟨6⟩「【原則2】環境・社会アセスメント」の(5)を参照願いたい。

　(イ)　水利用

　プロジェクトが大量の水を使用する場合には、他の水利用者に著しい負の影響を与えないような水保全策、代替水供給源の活用、水資源に対する総需要量を削減するためのオフセット対策、およびプロジェクト立地の代替案などの検討が求められる。

　(ウ)　廃棄物

　廃棄物は可能な限り再生・再利用することが求められる。それでも廃棄物が発生する場合は環境的に安全な方法で処理・処分する必要があるが、第三者に処理・処分を委託する場合、規制当局から免許を取得した、適切な企業を選定すべきである。さらに、委託業者が処分場に埋め立てる場合には、プロジェクト実施者は処分場の運営状況を確認し、仮に問題がある場合、別の処分場を開発するなどの代替案を検討しなければならない。

　プロジェクトの工程において有害物質を使用し、その結果として有害廃棄物が発生する場合には、使用する物質の見直しも含めて有害廃棄物の発生を回避／最小化することが求められる。また、当然のことながら国際的に禁止されている物質を使用してはならない。

　(エ)　農　　薬

　農薬は人体・環境への影響が最小限のものを選択すべきであり、適切な梱包・使用法が示されていること、規制当局により認められた企業によって製造されていることなどが定められている。また、従うべき国際基準として、国連食糧農業機関（FAO）の「農薬の流通及び資料に関する国際行動規範」が示されている。さらに世界保健機関（WHO）の「危険性による農薬の分類に関する勧告」において、クラスIa（きわめて危険）、Ib（高度に危険）に分類された化学製品については、プロジェクト実施者の購入・補完・使用・製造または取引を禁じ、かつクラスII（中程度に危険）に分類された製品に

ついても、適切な管理（取扱い・保管・使用・処分）が期待できない場合には、同じくプロジェクト実施者の購入・保管・使用・製造または取引を禁じている。

④　PS第4基準：地域社会の衛生・安全・保安

　PS第4基準は地域社会に対する衛生・安全上の負の影響を回避し、地域社会の人々および資産が人権に関する原則に従って保護されることを目的としている。負の影響として、天災による設備の倒壊、火災、周辺地域の自然損壊や、労働者の移動に伴う疾病の増加、さらにはプロジェクト警備員による周辺住民への暴力などが想定される。さらに、プロジェクトが紛争状態にある地域または紛争終結後の地域で行われる場合、プロジェクトによる地域社会への悪影響が紛争の悪化につながる可能性があることに留意が必要である。

　本PSはPS第1基準に従い、プロジェクトの環境・社会リスクと影響を特定した結果、「影響を受ける地域社会」に衛生・安全・保安上の負のリスク・影響が想定される場合に適用される。なお、労働者に対する労働安全衛生上の負のリスク・影響が想定される場合は、PS第2基準が適用される。

　要求事項として、㋐インフラ・設備の安全性、㋑危険物質の管理、㋒生態系サービス、㋓疾病、㋔緊急事態発生時の対応、㋕警備要員の6項目について特定されたリスクおよび影響の予防・管理・提言策の策定などを定めている。

　㋐　インフラ・設備の安全性

　水力発電ダムや鉱山の尾鉱ダム（採掘後に必要な鉱物を採取した後の低品位の鉱物を貯留するダム）などが地震により決壊した場合、下流への洪水、有害物質の流出等大規模な災害が発生する可能性がある。都市部でも病院等、地域住民が出入りする公共建築物を運営するプロジェクトの場合、地震によって建物が損壊し生命にかかわる被害が発生する可能性がある。このように災害が地域社会の安全を脅かす可能性がある場合、経験が十分にある専門家が設計・建築し、権限を有する当局や専門家の認証や許認可を取得することをプロジェクト実施者に求めている。

(イ)　危険物質の管理

　プロジェクトが有害物質を使用する場合や、有害な廃棄物が生じる場合などは、災害等によってその有害物質が周辺地域に放散された場合に地域住民が健康被害を受ける可能性がある。このように災害が地域社会の安全を脅かす可能性がある場合、有害物質の使用停止や有害性の低い物質への代替などにより危険を回避、または最小化するための特別な配慮がプロジェクト実施者に求められる。また、有害物質の輸送・処分工程での安全性を確保するための努力も求められる。

(ウ)　生態系サービス

　プロジェクトによる大規模な土地利用の変更や自然緩衝地帯の喪失は、地域社会の安全を脅かす可能性がある。たとえば山間地の森林を大規模に伐採した場合、土壌や流域の保水力が低下し、豪雨時に洪水や地滑りが起こりやすくなることが想定される。このようなリスクの特定・低減策は、PS第6基準（「生物多様性の保全及び自然生物資源の持続的利用の管理」）に従って策定される。

(エ)　疾　　病

　プロジェクトによって河川・湖沼の水質が汚染された場合、地域住民に健康被害（飲料水汚染による疾病、媒介生物による伝染病）が発生するリスクが想定される。また、建設工事中に多数の一時的労働者が流入し、それに伴いプロジェクトサイト周辺の地域住民に伝染病が蔓延するリスクも想定される。プロジェクト実施者は、このようなリスクに対処することが求められる。具体的な対策はEHSガイドラインを参照願いたい。

(オ)　緊急事態発生時の対応

　災害・事故などの緊急事態に対応するため、プロジェクト実施者は組織態勢を整備する必要がある。整備においては、必要な場合は地域社会、政府当局等と協調することが求められる。

(カ)　警備要員

　建設および操業段階において、プロジェクトサイト内外の安全を確保するために警備員を配置することは一般的であり、国や地域によっては警備員が

銃器を携行する場合もある。地域住民にとっては警備員の存在が地域社会の保安上の脅威に感じられる場合もあり、また警備員が地域住民に対し違法に暴力行為を働く事例もみられる。プロジェクト実施者には、直接雇用か請負業者経由での間接雇用かの違いを問わず、プロジェクトに従事する警備員が地域住民に対し不適切な行為を行わないよう十分に教育することが求められている。

⑤ PS第5基準：土地取得と非自発的住民移転

PS第5基準はプロジェクトに関連する土地収用および土地利用の制限に伴い地域住民が負の影響を受ける場合に、その影響を最小化し、さらに適切な補償・支援を行うことを目的としている。

大規模な水力発電用の貯水ダムの建設、または長距離の高速道路建設といった広範囲の土地にわたって実施されるプロジェクトでは、プロジェクト用地の収用や工事期間中の資材置き場など一時的な土地利用が生じることがある。このような場合に地域住民が拒否できずに立退きや移転、あるいは田畑などの生計手段を失うといった負の影響（非自発的住民移転）が発生する。なお、土地の売り手と買い手が自由意思で交渉する場合は本PSの対象外である。

㋐ プロジェクト実施者への要求事項

プロジェクト実施者は、非自発的住民移転を回避または最小化するため、採算面で実行可能な代替案を検討しなければならない。回避できない場合、影響を受ける住民が失う資産と同等の資産が取得できるレベルの補償とその他の支援も要求される。

また、住民移転や生計手段回復にかかわる決定プロセスにおいて、プロジェクト実施者は移転住民や移転先住民など「影響を受ける地域社会」が参加するステークホルダー・エンゲージメントへの取組みが求められる。またプロジェクトの早期の段階から「苦情処理メカニズム」を構築し、影響を受ける住民などからの苦情や懸念を受け付け、これらに対処する必要がある。

なお、プロジェクトによっては用地取得がプロジェクト所在国政府の責任で行われる場合がある。この場合、補償基準や手続は国の制度に沿って行わ

れることが一般的であり、プロジェクト実施者は本PSに沿った用地取得が行われるように政府機関に協力し、働き掛けることが求められる。具体的には追加的な補償の支払や移転住民が生計を回復するための追加的な支援策の実施が例としてあげられる。

　(イ)　住民移転計画

　非自発的住民移転が生ずる場合、プロジェクト実施者は「住民移転計画」を策定し、実行しなければならない。人口調査、社会経済的ベースラインデータを収集し、住民移転に伴う補償と支援を受ける対象者を明確にし、生計を回復するためのその他支援（職業訓練等）などを補償内容に含む「生計回復計画」を定める。「住民移転計画」や「生計回復計画」の実施状況については、モニタリングを行い、必要に応じて是正された対策を実施する。

　(ウ)　補償基準

　次に、移転対象者が受ける補償基準について説明する。「非自発的住民移転」は、居住地の移転を伴う「物理的移転」と、田畑などを失う生計手段の喪失、あるいは漁業従事者が漁をしていた海域に近寄れなくなるなど生計手段へのアクセス手段の喪失である「経済的損失」に区分され、それぞれに補償基準を定めている。

(ⅰ)　「物理的移転」

　プロジェクト実施者は代替住居の提供、あるいは金銭的補償を含む、実行可能な住民移転の選択肢を地域住民に提示しなければならない。不法占拠者を除く物理的移転者には、移転前と同等またはそれ以上の価値のある代替資産や金銭を提供することが求められる。たとえば移転前の住居面積を新住居で確保するだけでなく、飲料水など生活インフラの整備も必要である。また、金銭補償を行う場合は同様の観点から移転者が失う土地・資産を現地で再取得するのに十分な程度の補償が求められる。

　物理的移転に際しては、移転者のニーズに適した移転への支援も必要である。たとえば、単に移転先に新家屋を提供するだけではなく、そこへの引っ越しの手段を提供することや、新しい農地を提供する場合には、新農地が移転前の生産水準に達するまで支援・指導を行うこと等が必要となる。

また、移転にあたっては、移転する側および移転者を受け入れる側の地域社会の社会的・文化的制度をそれぞれ尊重すべきである。具体的には、移転先の選定に際しては、既存コミュニティーが可能な限り分散しないようにすることや、移転先の新家屋の建築様式に地域住民の文化様式を反映させることなどがあげられる。

　住民移転でよく問題になるのは、その土地の所有権や使用権をもたずに、昔から慣習的にその土地を占有して生活を営む住民である。その国の土地の登記制度が整備されていない等がこのような事態が発生する理由としてあげられる。本PSはこのような住民にも補償の基準を定めている。家屋を建てている場合、あるいは荒れ地を農地に開拓している場合などは、これら土地以外の資産に対する再取得費用の補償と生活支援が求められる。ただし、このような補償計画が公になった場合、補償を目的に新たに事業予定地を不法占拠する者が発生するおそれがある。そのため、プロジェクト実施者は期限を定め、それ以前に居住している住民のみを補償と支援を受けることのできる対象者とする。

(ii) 経済的損失

　プロジェクト実施者は「生計回復計画」を策定し、地域住民が喪失した生計手段と同等の手段を再び獲得するのに必要な補償が求められる。生計手段の喪失により経済活動を行えず、収入が途絶える期間の収入も補償対象となる。

　また、漁業従事者が漁場に行けなくなるなど、自然資源へのアクセスに影響が出る場合、継続的なアクセスを可能とする対策の検討に加え、影響が不可避の場合の補償として代替漁場の提供や同等の生計を立てる収入を得る機会が提供される必要がある。職業訓練など生計を回復するために必要な時間は合理的に判断されるべきであり、また、実現に向けて十分な対策が講じられねばならない。

⑥　PS第6基準：生物多様性の保全及び自然生物資源の持続的利用の管理

　PS第6基準は生物多様性条約を基礎とし、「生物多様性の保護・保全」、人々が生態系から得ることのできる利益の維持という「生態系サービスの維

図表２−15　生物多様性条約

> 生物多様性条約（Convention on Biological Diversity（CBD））は、①生物多様性の保全、②生物多様性の構成要素の持続可能な利用、③遺伝資源の利用から生ずる利益の公正かつ衡平な配分を目的とし、締約国による生物多様性の監視・保全や途上国への技術支援・利益配分などを定めたものである。1993年8月に発効し、2015年5月現在194カ国、EUおよびパレスチナが締結している。ただし、米国は未締結。

（出所）　外務省ウェブサイト：http://www.mofa.go.jp/mofaj/gaiko/kankyo/jyoyaku/bio.htmlに基づき作成。

持」、および「『生命ある自然資源』の持続可能な管理」を目的としている。プロジェクトは建設時の土地改変、操業時の汚染物質の排出等を通して周辺の生態系に大きな負の影響をもたらす可能性があることから、プロジェクト実施者による持続的な管理が求められる。

　本PSは以下のプロジェクトに適用される。

・「改変された生息地」「自然生息地」または「非常に重要な生息地」に立地するプロジェクト
・プロジェクト実施者が直接管理する、あるいは大きく影響を与える生態系サービスに影響を与える、あるいは依存するプロジェクト
・農業、畜産業、漁業、林業など「生命のある自然資源」の生産を含むプロジェクト

　また、本PSの要求事項は前述の目的別に定められている。

　「生物多様性の保護・保全」において、負の影響への対策は優先順位に沿って検討される。負の影響は第一に回避されなければならず、回避できない影響は最小化するように対策を講じなければならない。最小化してもなお残る負の影響に対し、生物多様性オフセット（負の影響を相殺するためにプロジェクト用地以外で行う生物多様性を増加させる対策）を行い、生物多様性がその総量として減少しないようにすること（ノーネットロス）が求められる。

図表2−16 対策の優先順位

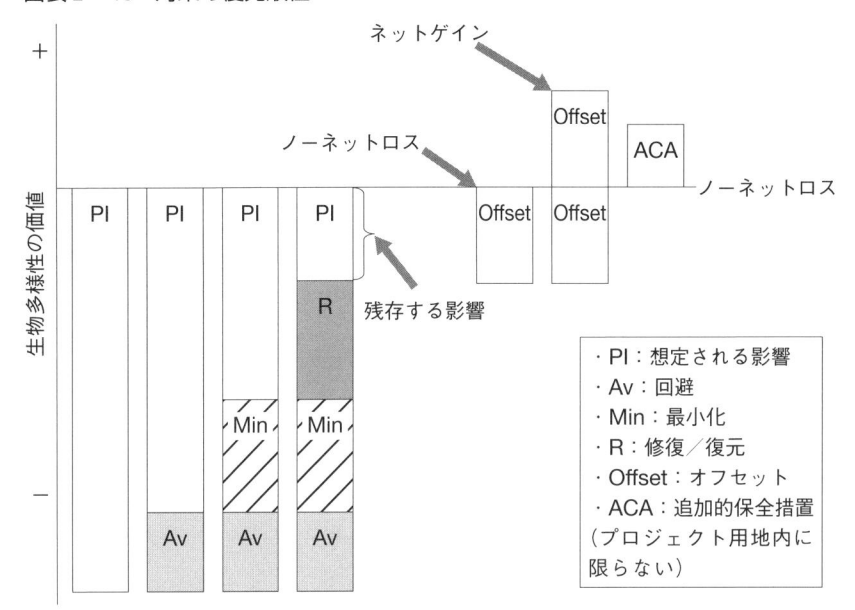

凡例内容：
- PI：想定される影響
- Av：回避
- Min：最小化
- R：修復／復元
- Offset：オフセット
- ACA：追加的保全措置（プロジェクト用地内に限らない）

図中注記：ネットゲイン、ノーネットロス、残存する影響

（出所） Business and Biodiversity Offset Programme（BBOP）、"To No Net Loss of Beyond" Figure 1に基づき著者訳。

(ア)　「生物多様性の保護・保全」

(i)　生息地別の要求事項

【改変された生息地】

　人間により用途が改変された土地であり、農地、植林地、埋立沿岸水域が例にあげられる。PS第1基準に従いリスク・影響を特定し、必要に応じた対策を実施するべきとしている。

【自然生息地】

　大部分が在来種の動植物で構成され、主要な生態系機能や種の構成に人間活動によって大きな変化が加えられていない土地、つまり自然のまま残っている土地と言い換えられる。

　自然生息地におけるプロジェクトは、以下の全てを満たす場合のみ開発可能である。

- 「改変された生息地」を代替地として実施することが不可能
- 地域社会の関係者の意見を確認している
- 生息地への負の影響が優先順位づけられた緩和策によって低減可能

【非常に重要な生息地】
　「非常に重要な生息地」は生物多様性の価値が高い地域であり、以下を含んでいる。
- 絶滅寸前の種および絶滅が危惧される種にとって特別な重要性をもつ
- 固有種および生息地域が限定された種にとって特別な重要性をもつ
- 回遊種および群れを成す種の地球的に重要な群れにとって重要性をもつ
- きわめて危機的な、または独特な生態系を有する
- 種の進化の重要なプロセスにかかわっている

　「非常に重要な生息地」は、その特性や独自性から生態系の再生がきわめて困難な地域と考えられるため、「非常に重要な生息地」が失われる場合は、プロジェクト実施者が以下を証明できない限り、プロジェクトを実施することは不可としている。
- 「非常に重要な生息地」以外を代替地とするプロジェクト実施案が存在しない
- 生物多様性の価値に定量的な負の影響が生じない
- 絶滅寸前の種、または絶滅が危惧される種の総個体数が妥当と考えられる期間減少しない
- 適切かつ長期的なモニタリングや評価プロセスを含む「生物多様性管理計画」が策定され、プロジェクト実施者の管理プログラムに含まれている

　上記全ての状況に該当する場合、プロジェクト実施者は、重要な生息地への影響を軽減し、さらに、生物多様性の観点からみた価値を純増させる、つまり「ネットゲイン」を達成するための生物多様性アクションプランを策定する。「ネットゲイン」とは、プロジェクトが重要な生息地に影響を与える場合に、その負の影響を相殺し、さらに正となる保全効果のことであり、「ネットゲイン」を達成するための手法として、生物多様性オフセットが考

えられるが、この手法は生物多様性の価値やオフセット効果の定量化という非常に高度な専門技術を必要とするため、実際のプロジェクトで実施する場合には、必ず専門家の協力を必要とする。生物多様性オフセットに関し、産業界・金融機関・NGO・政府機関が参加する枠組みとしてビジネスと生物多様性オフセットプログラム（BBOP）（http://bbop.forest-trends.org/）が設立されており、さまざまなガイダンスなどを提供している。

(ⅱ)「生物多様性の保護・保全」におけるその他課題

その他の課題として、①プロジェクトが法定保護区、国際的に認知された地域に立地する場合、②特定外来生物の侵入といった事象に対し、それぞれに要求事項を定めている。

【プロジェクトが法定保護区、国際的に認知された地域に立地する場合】

生息地の区分に応じた要求事項に加え、「生物多様性管理計画」への政府認可を受けることと、影響を受ける地域社会および先住民に加えて、保護区の所有者と管理者をステークホルダーとしたコンサルテーションの実施が求められる。

【特定外来種の侵入】

プロジェクト実施者は、プロジェクト開発に伴い外来種が侵入しないように、すでにプロジェクトサイトなどに生息している場合は拡散させないようにする対策の実施が求められる。

(イ)「生態系サービスの維持」

人々が生態系から得ることのできる利益を維持するため、「生態系サービ

図表2-17　生態系サービスの分類

- 供給サービス：食糧、繊維、水、遺伝子資源などの人間が生態系から得るもの
- 調整サービス：大気環境、気候調節、伝染病抑制など生態系の働きにより調整されるもの
- 文化的サービス：宗教的、審美的、教育的な恩恵を与えるもの
- 生息・生育地サービス：生息・生育環境の提供、遺伝的多様性を維持するもの

スの維持」においても「生物多様性の保護・保全」と同様に、プロジェクト実施者は第一に負の影響は回避し、回避できない場合のみ最小化するような低減策を実施することが求められる。プロジェクトが自然水系から水を採取し利用するなどの生態系サービスに依存する場合、水使用効率を高め、水の使用量を減らすなどの対策が求められる。

(ウ)「『生命ある自然資源』の持続可能な管理」

農業・林業・水産業など一次産業に関連するプロジェクトの場合、プロジェクト実施者は国際的な認証を取得し、「生命ある自然資源」の持続可能な管理を行うことが求められる。また、プロジェクト実施者が「自然生息地」および「非常に重要な生息地」で生産される一次産品を取り扱うサプライヤーから物品を調達する場合、サプライヤーがそれらの生息地の改変にかかわっていないことの証明を要求するなどの管理が推奨されている。

たとえばパーム油生産業では、「持続可能なパーム油のための円卓会議」という認証に基づき、適切な環境社会配慮を行っている農園・加工業者に対する認証制度がある。プロジェクト実施者がパーム油を調達する場合にはサプライヤーが認証を取得していることの確認が推奨される。

⑦　PS第7基準：先住民族

PS第7基準では、「先住民族」を、プロジェクト所在国の主要な社会的集団と明確に異なるアイデンティティをもつ脆弱な社会グループであると認識する。そのため、本PSの目的は先住民族の人権・生計などを尊重したうえでプロジェクトを開発すること、またプロジェクトにより先住民族が文化的に適切な方法で利益を享受することとされている。さらに、そのために先住民族に対し「十分な情報を提供した上での協議と参画（Informed Consultation and Participation、ICP）」と「自由意志による、事前の十分な情報に基づく合意（Free, Prior, and Informed Consent、FPIC）」を確実に形成することも目的とされている。

本PSは、「先住民族」に対しプロジェクトによる環境・社会の負のリスクと影響が想定される場合に適用される。ただし、「先住民族」の定義として世界的に共通して受け入れられているものはなく、PS第7基準では以下の

特性をもつ集団を「先住民族」としている。
・固有の文化集団のメンバーであるというアイデンティティをもち、他者からもそう認識されている。
・対象プロジェクトエリア内で地理的に明確に区別された居住地、または先祖代々の土地、およびこれら居住地および土地の自然資源に共同体として愛着をもっている。
・慣習的な文化、経済、社会、政治制度が主流を成す社会・文化の制度とは区別される。
・多くの場合、居住する国・地域の公用語とは異なる、明確に区別された言語あるいは方言を用いる。

　プロジェクト実施者への要求事項として、可能な限り先住民族への負の影響は回避されるべきであるが、代替案を検討したうえでなお負の影響が避けられない場合には、地域社会の脆弱性に見合った文化的に適切な方法で影響を最小化・回復し、補償することが求められる。たとえば、先住民族が隔絶された地域に住んでおり、交通インフラが貧弱な場合にはそれに見合った移転支援策（転居時の交通手段提供など）が検討されるべきである。また、プロジェクト実施者は先住民族へ十分な情報を提供したうえでの協議と参画のプロセスを経て、先住民族への影響に応じた行動計画である「先住民族計画」を定めることが求められる。

　先住民族の地域社会が伝統的または慣習的に保有あるいは使用していた土地からの移転、自然資源利用への負の影響が避けられない場合や、先住民族の文化的・儀礼的・精神的に重要かつ不可欠な文化遺産に著しい影響が及ぶ場合などは、プロジェクト実施者は先住民族とFPICを形成しなければならない。

　詳細は本章⑨「【原則5】ステークホルダー・エンゲージメント」を参照されたい。

⑧　PS第8基準：文化遺産

　PS第8基準では世界遺産条約に基づき、プロジェクトによる負の影響からの文化遺産の保護・保全と、文化遺産の利用から得られる利益の公正な分

図表2-18　世界遺産条約

> 文化遺産および自然遺産を人類全体のための世界の遺産として損傷、破壊などの脅威から保護し、保存するための国際的協力および援助の態勢を確立すること目的とし、世界遺産委員会による認定プロセスおよび国際的援助の方法を定める。締約国は委員会への分担金拠出、国内の教育・広報活動が求められる。1975年に発効し、2015年7月現在191カ国が締約。

（出所）　外務省ウェブサイト：http://www.mofa.go.jp/mofaj/gaiko/culture/kyoryoku/unesco/isan/world/isan_1.htmlに基づき作成。

配を目的としている。

　本PSは文化遺産を、(ア)学術的・芸術的・宗教的価値を有する物体や場所のような有形文化遺産、(イ)文化的な価値を具現化している自然などの有形資産と、(ウ)伝統的な生活様式を具現化している地域社会の知識や技術あるいは慣習のような無形文化遺産と定義して適用しており、それぞれに要求事項を定めている。

　(ア)　有形文化遺産
　(イ)　文化的価値を有する自然等の有形資産

　プロジェクト実施者は、有形文化遺産および文化的価値を有する自然等の有形遺産（以下「有形文化遺産」）の保護に適用される法律の遵守に加え、有形文化遺産への影響が想定される場合は専門家を雇用した対策の検討、実施が求められる。

　復元可能で重要性が高くない遺産の場合、基本的に発見された現地で保護されるべきだが、不可能な場合は移設による保護も認められる。遺産の撤去は法律を遵守し、専門家を雇用して国際的に認められた手順に従う場合にのみ可能である。

　復元が不可能で重要と判断される有形文化遺産の場合、撤去以外に代替案がなく、撤去による有形文化遺産の損失よりプロジェクトの利益が上回る場合に限り、最善の技術を利用して撤去が可能である。

　さらに国際的な有形文化遺産および現地国法制度に定められた有形文化遺産の場合、プロジェクト実施者は適切なコンサルテーションに基づき、管理

者と協調して保護を推進することが求められる。

また、有形文化遺産が現在発見されていなくとも、工事中など将来に発見が見込まれる場合は「発見時の対応手順」を定める必要がある。一般的には工事をいったん停止し、監督省庁に報告のうえ、必要な保護策をとったうえで工事を再開する手順を定めている。

プロジェクトが商業目的で有形文化遺産を使用する場合には、プロジェクト実施者は地域社会に対しICPのプロセスをとったうえで、商業化により得られる利益を地域社会の慣習と伝統に従って、公正かつ公平に分配することが求められる。

(ウ) 無形文化遺産

プロジェクトが商業目的で無形文化遺産を使用する場合も有形文化遺産と同様、プロジェクト実施者は地域社会に対しICPのプロセスをとったうえで、商業化により得られる利益を地域社会の慣習と伝統に従って、公正かつ公平に分配することが求められる。

b 世界銀行グループのEHS（環境・衛生・安全）ガイドライン

EHSガイドラインは、環境・衛生・安全に関する一般的・セクター別の基準値や国際的な技術水準に照らして適切と考えられる対策（グッドプラクティス）をまとめた技術的参照文書である。全ての産業セクターに共通して適用できる一般ガイドラインと、産業セクターに特有の基準、対策を記載した産業セクター別ガイドラインの2種類から構成される。2015年9月末現在、産業セクター別ガイドラインは62セクターが作成されている（EP別紙Ⅲ参照）。よって本ガイドラインを「原則3：適用される環境・社会基準」の「適用基準」とする場合には、EPFIの環境・社会デューデリジェンスでは、一般ガイドラインに加え当該プロジェクトに該当する産業セクター別のガイドラインの2つをあわせて、プロジェクト実施者の環境・社会配慮の状況を確認することになる。

① 一般EHS（環境・衛生・安全）ガイドライン

一般ガイドラインは、(ア)環境、(イ)労働安全衛生、(ウ)地域社会の衛生および

安全、(エ)建設および廃棄措置、の項目別に基準値およびグッドプラクティスを示している。

　(ア)　環　　境

　環境面の基準、グッドプラクティスは(i)大気への排出および環境大気質、(ii)省エネルギー、(iii)排水および環境水質、(iv)節水／水資源の保全、(v)危険物管理、(vi)廃棄物管理、(vii)騒音、(viii)汚染された土地、の8項目に分けている。

(i)　大気への排出および環境大気質

　大気中に有害なガスを排出する場合、国の排出基準を遵守すると同時に、環境大気質についても環境基準を満たすことが求められる。なお、国家基準がない場合には、WHOが定めるガイドラインを遵守することが求められる。

　プロジェクトが操業を開始した後の環境大気質が国の環境基準を満たすかを予測するためには、プロジェクト実施者はシミュレーションを行う必要があるが、その場合には、地形などの自然条件をふまえた適切なモデルを採用することが重要とされる。

　さらに、煙突等の点排出源に加え、面源（原料ヤードにおけるダスト飛散、化学物質貯留ヤードからの化学物質漏出など）、移動発生源（自動車の排気ガス）にも、影響軽減策が必要である。

(ii)　省エネルギー

　製造プロセスなどで使用される加熱・冷却システムや建築物の空調・照明システムなどのエネルギーを消費する設備を広く対象とし、エネルギー効率を改善し省エネを実現するための技術を定めている。

　システム全体を見直すことによる効率改善から、断熱材を設置して熱エネルギーの損失を防ぐ等、幅広い技術が記載されている。

(iii)　排水および環境水質

　プロジェクトから排出される排水にはプロセス排水（例：工場の製造工程から発生する排水）、敷地内に降った雨水、作業員の生活排水などがある。

　プロジェクト実施者は、これら排水の種類・量・水質を把握し国の基準を満たして放流することが求められる。処理設備は適切な技術を選定する必要があり、処理水質のモニタリングが求められる。

(iv) 節水／水資源の保全

　水使用量を削減することは環境への負荷軽減に加え、コストの軽減にもつながる。本ガイドラインではプロセス内の洗浄水、冷却水、蒸気等の供給システムに対し水使用量を削減するための技術を示している。

(v) 危険物管理

　本ガイドラインは爆発物、有毒／可燃性ガス、可燃性液体、可燃性固体、酸、毒物、放射性物質、腐食性物質の移送、貯留において求められる対策技術を示している。

　流出・もれ防止に関するハード面の対策に加え、労働者が危険物を取り扱う場合の管理計画・教育訓練等ソフト面の対策も重要である。いったん事故が発生した場合には、労働者の生命の危険につながる可能性があることから労働安全衛生対策の要素が強い項目である。

図表2-19　土壌汚染リスクの評価要素

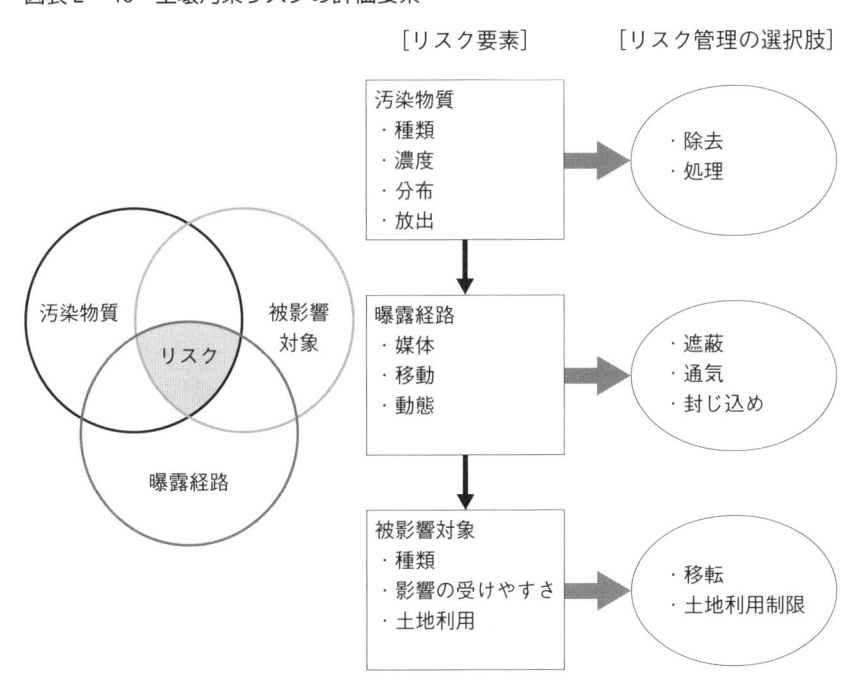

(vi) 廃棄物管理

　廃棄物は一般廃棄物と有害廃棄物に区分される。いずれも廃棄物管理計画を作成し、廃棄物の量・種類を特定したうえで、貯蔵、処理、処分の手順を定めることが求められる。有害廃棄物は危険物と同様、流出防止対策をとり、従業員に十分な教育・訓練を行うことが重要である。

(vii) 騒　　音

　プロジェクトに起因する騒音による影響は、敷地を超えた周辺環境への騒音問題と、作業者が被る騒音被害の2つがある。ここでは前者を対象とし、敷地境界においてWHOの基準値を守るため防音設備設置などの対策を求めている。なお、後者の対策は本ガイドラインの労働安全衛生のセクションに記載されている。

(viii) 汚染された土地

　プロジェクトが汚染された土地に位置する場合、人の健康および生態系へのリスク、汚染者／事業者への浄化費用発生、企業の評判などの影響が想定される。これまでに取り上げた排ガス・排水・廃棄物・騒音といった、プロジェクトにより将来発生するものではなく、すでに汚染された状況にあることから、現状を調査し、そのうえで将来の影響を想定する必要がある。

　土壌汚染のリスク評価においては、「どのような物質が存在するか」「汚染物質により被害を受ける対象は何か（人・動物・植物など）」「被害を受ける対象は、どのような経路で曝露するか（地下水に溶出するか・大気に放散するかなど）」の3つの要素からリスクの大小、必要な対策を判断することになる。

　また、以下のように非常に切迫した危険が想定される場合には、詳細なリスク評価を待たずすみやかに対策をとることが必要である。

・汚染された土地で爆発の危険がある場合
・汚染物質の毒性が高く、生物に有害な蓄積をもたらすなど土地が極端に汚染されている場合
・飲料水が高度に汚染されている場合

(イ)　労働安全衛生

ここでは労働者の健康と安全を保護するための予防措置の例を記載している。

まず、作業環境を安全なものとするため、十分な作業空間・通路を確保し、警報システムや照明・換気などに留意すべきとされる。さらに作業員には十分な訓練を行い、作業場内に危険な場所がある場合には適切な表示が求められる。

また、放射線曝露の危険には国際基準（国際原子力機関のガイドラインなど）に従った対応・適切な保護具の準備・特定危険環境下（閉所、単独作業など）での要求事項を定めている。

(ウ)　地域社会の衛生および安全

PS第4基準で定める地域社会の衛生・安全・保安基準に対し、想定される技術対策をまとめたものである。

(i)　水質および水利用

途上国においては上水道が整備されておらず、地域社会の水利用が井戸水・河川水に依存する場合がある。このような地域で行われるプロジェクトの場合、取水あるいは排水を行うプロジェクトでは水質・水利用への影響に配慮すべきである。そのためには排水基準の遵守、水需要の分析が必要とされている。

(ii)　構造安全性

病院、スタジアムなど不特定多数の地域住民が出入りする構造物を建築するプロジェクトでは、建造物崩壊、火災などの危険が想定される。地震などの天災、火災等への対策は設計段階で考慮する必要があり、操業段階でも危険物貯蔵・使用において、災害発生時の影響を減らすような管理が求められる。

さらに、国際基準評議会が作成する建築物の安全基準の適用も必要に応じ求められる。

(iii)　生命および火災安全

新たに建設される構造物は、第一に現地の建築基準・消防当局規制・法

的／保険要求事項を遵守する必要があるが、本ガイドラインでは、これに加え、国際的に認められた生命火災安全基準（例：米国防火協会基準）の導入をプロジェクト実施者に求めている。また、緊急時の脱出方法や警報システム、防火壁等の区画化や消火設備等の設置・維持管理を含む生命および火災安全総合計画の策定が求められる。

さらに、既設建物の増改築プロジェクトの場合、適切な資格を有する専門家によるレビューをふまえて安全対策の是正を検討する。

(iv) 交通安全・危険物輸送

プロジェクトの建設時には工事関係車両の出入りが、また操業時には原材料や製品の輸送などでサイト周辺の交通量増加が想定される。それに伴い地域住民の交通事故の危険性も増加するため、運転者への教育、道路標識の設置などが必要とされている。

さらに、危険物を輸送する場合は輸送中の爆発・火災事故等が想定されるため、国際基準に沿った輸送手順を定め、従業員を十分に教育することが求められる。

(v) 疾病予防

大型プロジェクト開発において、特に建設段階では衛生設備や労働者の宿泊施設が貧弱である場合に伝染病発生のリスクがある。さらに労働者の移動に伴い、HIV／AIDSのような性感染症のリスクもある。よってプロジェクトレベルでの作業者への治療の提供、予防接種の実施、現地の保健当局との協力が推奨される。

(vi) 緊急事態への準備および対応

プロジェクト実施者は、緊急事態発生時の組織・役割・手順・訓練を定めた計画の策定が求められる。地域社会への安全衛生の観点から、さらに警報など地域社会への伝達手段の整備、相互援助協定の締結などが推奨される。

(エ) 建設および廃棄措置

ここでは、プロジェクトの建設工事および操業期間終了後の撤去工事に求められる対策を示している。工事に伴う騒音、ダスト等の環境への影響や、高所作業・資材の落下など労働者の安全への影響に対し、仮設設備による対

応（仮設防音壁や墜落防護柵など）をあげている。

② 産業セクター別ガイドライン

　産業セクター別ガイドラインは、(ア)環境、(イ)労働安全衛生、(ウ)地域社会の衛生および安全に対し、特定の産業セクターにおけるグッドプラクティスを示している。

　例として「火力発電セクター」を取り上げ、セクターに特徴的な記載内容を解説する。

　(ア) 環　境

　火力発電所の操業に伴う周辺環境への影響として、燃焼に伴う排ガスがあげられる。排ガスは二酸化硫黄、窒素酸化物、浮遊物質、一酸化炭素などを含むため、脱硫装置、脱硝装置、集塵機の設置などの対策を求めている。また、米国やEUの基準を参照して燃焼機器の種類別、燃料の種類別に排出基準のガイドラインを定めており、適切な国内基準が存在しない場合の技術資料として活用できる。

　また、水系への影響として、温排水の放流による影響があげられる。海洋・河川等に放流する場合は放流先の水温が上昇し、生態系に影響を与える可能性があるため、温排水の放流はすみやかに拡散し、温度上昇の影響を最低限にするよう排水温・放流点の検討が必要である。

　さらに、石炭火力発電の場合は、大量の焼却灰が発生するため、適切な灰捨て場の確保が必要である。十分な容量をもち、漏出防止など適切な対策をとった処分場設置の他、焼却灰を建設材料等に再利用することも有効な対策とされる。

　(イ) 労働安全衛生

　火力発電所内の労働環境における特徴的なリスクとして電磁波、高熱、感電、騒音等があげられる。安全標識の設置、保護具の支給、作業者への教育などが対策として記載されている。

　(ウ) 地域社会の衛生および安全

　地域社会への影響として、大量の冷却水使用に伴う地域住民の水利用への影響、交通量の増加に伴う交通安全の問題があげられている。ただし、火力

発電所に特徴的な対策はなく、一般ガイドラインに従うこととしている。
　㈍　別紙

　別紙として、一般的な火力発電所設備の説明と、火力発電プロジェクトの環境アセスメントにおいて検討すべき事項に関するガイダンスが添付されている。

コラム 4

大人の社会科見学

　プロジェクトの環境・社会リスク評価を行うにあたっては業界知識が必要となる。百聞は一見にしかず。見学先に選んだのは、首都圏のとある石炭火力発電所だった。

　石炭は石油・天然ガスに比べて潜在埋蔵量が最も多く、安価でかつ安定的に供給が可能なエネルギー資源として、現在世界中の電気の40％以上を生み出すもととなっている。ただし、石炭を燃焼させる際には、SOx（硫黄酸化物）やNOx（窒素酸化物）、ばいじん（すすや燃えカス）等の大気汚染物質が大量に発生するため、排気ガス濃度の管理や石炭灰の処理が必要となる。

　「住宅地や市街地から2kmも離れていない場所に石炭火力発電所とは……。地域住民等から苦情が出ているのでは？」と疑問に思い、ご自身もこの発電所の近くに住んでいるという案内役の方に尋ねてみると、「地域の人々は、身近に発電所があることをあまり気にしていない」という。その言葉の意外さに「なぜなのだろう」と不思議に思いながら見学ルートの歩を進めると、発電所にはさまざまな工夫がされていることがみえてきた。

　この時、見学した発電所は、環境負荷低減とエネルギー効率向上を世界最高水準で両立させたコンパクトな都市型石炭火力発電所であり、排気ガス中の大気汚染物質は90％以上除去され、さらに大気汚染物質の排出時濃度を24時間監視しているという。驚いたのは、煙突から黒い煙がもくもくと出ている「公害」のイメージとは程遠く、煙は全くみえなかったことである。石炭運搬船から貯蔵施設まで石炭を運ぶコンベヤーも密閉式のパイプ内でベルトを空気で浮上させており、粉塵の飛散防止や騒音・振動の軽減に役立っている。そして、廃棄物として発生する石炭灰は9割以上がセメントの原料として再利用されるなど、リサイクルが確立しているのだ。

　天空に伸びる煙突は、周辺の景観に溶け込むように、空色と同系色に塗装されているだけでなく、国の名勝に指定された近隣の庭園からみてもその存在が目立たないよう、設計や向き、立地場所が工夫されている。

　発電所を見学した後、実際に庭園に行って煙突がどのようにみえるか確かめてみたが、煙突はみえているものの、その存在は意識しなければ気づかないほど目立たなかった。

　「こうした環境・社会へ配慮した技術は、今後海外に広められていくのです

か？」と案内役の方に尋ねると、少しだけ渋い顔をして、「そうですね。ただ、このレベルの環境対策を実施すると費用がかかりすぎてしまうのが問題で……」と言いにくそうに答えてくれた。

　環境・社会対策にはたしかにコストがかかる。何か問題が生じた場合の、信用・評判の回復にかかる時間や労力、費用等を考えると、あらかじめきちんと環境・社会リスク対策をとっておくほうがよいことは確かだが、環境・社会配慮のためのコストの経済合理性の判断は、事業者にとって実に悩ましい問題なのであろう。

　近年では石炭ガス化複合発電や、さらに燃料電池を組み合わせた石炭ガス化燃料電池複合発電、タービンや発電機を回転させる蒸気をより高温・高圧にした先進超々臨界圧微粒炭火力等、燃焼効率をあげた発電技術や、CO_2の回収・貯留技術等の研究が進められている。時間はかかるかもしれないが、こうした技術が実用化され、経済性と環境対策を両立させた発電所が増えることを願っている。

（三井住友銀行　松本　香菜子）

8 【原則4】環境・社会マネジメントシステムと、EPアクションプラン

> 原則4：環境・社会マネジメントシステムと、EPアクションプラン
>
> カテゴリーAもしくはカテゴリーBを付与された全てのプロジェクトについて、EPFIは顧客に対して環境・社会マネジメントシステム（Environmental and Social Management System：ESMS）を構築し、維持運用することを求める。
>
> さらに顧客は、アセスメントのプロセスによって提起された課題に対し、適用基準の遵守に必要な対策を導入するための環境・社会マネジメントプラン（Environmental and Social Management Plan：ESMP）を準備する。適用基準が、EPFIが納得するように満たされない場合、顧客とEPFIはEPアクションプラン（Equator Principles Action Plan）について合意する。EPアクションプランは、適用基準に沿ったEPFIの要求に満たない点とそれを満たすための顧客のコミットメントをまとめたものである。

　原則4は、カテゴリーAもしくはカテゴリーBを付与された全てのプロジェクトに適用される。ここでは、プロジェクトの環境・社会リスクと影響を管理する際の支柱となる、環境・社会マネジメントシステム、環境・社会マネジメントプラン、EPアクションプランについて説明する。

(1) 環境・社会マネジメントシステム（ESMS）

　ESMSとは、プロジェクトによる環境・社会リスクと影響を特定し、それ

らを管理するための、一貫した体制・手続などの仕組みである。プロジェクト実施者は、プロジェクトの初期段階からESMSを構築し、継続的に改善しながら維持することが求められる。ここで定めるESMSは、IFC・PS第1基準の「Assessment and Management of Environmental and Social Risks and Impacts」の記述を念頭に置いており、その体制内に下記の9項目を含むことが求められる。

① ポリシーの設定

プロジェクトの環境・社会マネジメントの方針・考え方について、独自のポリシーを設定する。

② リスクと影響の特定

「原則2：環境・社会アセスメント」のプロセスに則り、プロジェクトに起因する環境・社会に対するリスクと影響を特定する。詳細は、先述の「原則2：環境・社会アセスメント」を参照されたい。

③ マネジメントプログラム

まず、プロジェクトの環境・社会マネジメントに関するポリシー（上記①）に基づき、特定された環境・社会リスクと影響を軽減し、改善させるための手法や対策をマネジメントプログラムとして定める。マネジメントプログラムは、プロジェクトの特性や規模に応じて、環境・社会リスクと影響を、組織全体でシステマティックに管理するために、運用手続や計画などの文書を含む場合が多い。また、マネジメントプログラムは、環境・社会リスクと影響を軽減するにあたり、具体的な目標とそれを達成するための各指標、あるいは目標に届かない場合は、どこまでを許容範囲とするのかなどを示したアクションプランを作成する。この指標と許容範囲は、できる限り定量的に示すことが求められる。

後述するEPの「ESMP」「EPアクションプラン」は、ここでいうマネジメントプログラム、アクションプランと同義である。

④ 組織的なキャパシティとコンピテンシー

ESMSの実効性を高めるために、管理責任者も含めた各担当者の責任や権限などの組織的な枠組みを明確にする。

⑤　緊急時のための準備と対応

建設期間中や操業期間中に想定される事故や、地震・津波などの天災が発生した場合など、緊急事態における対応策をマニュアル化する。

⑥　ステークホルダー・エンゲージメント

プロジェクト実施者は影響を受ける地域社会やその他の関係者に対して十分な情報を提供したうえでの協議と参画のプロセスを踏む。詳細は後述の「原則5：ステークホルダー・エンゲージメント」を参照されたい。

⑦　モニタリングとレビュー

法規制および契約上で課せられている要件の遵守状況に加え、マネジメントプログラムの効果をレビューし確認するため、モニタリングの手順を定める。

⑧　外部とのコミュニケーションと苦情処理メカニズム

ステークホルダーとプロジェクトについて話し合うことなどに関する手続を定める。また、プロジェクトによって影響を受ける地域住民が存在する場合、苦情処理メカニズムを構築し、維持する。詳細は後述の「原則6：苦情処理メカニズム」を参照されたい。

⑨　影響を受ける地域への継続的な情報提供

アクションプラン、ステークホルダー・エンゲージメント、苦情処理メカニズム等で明らかになった課題について、影響を受ける地域住民に対して継続的に情報を提供する。

(2) 環境・社会マネジメントプラン（ESMP）

プロジェクト実施者はESMSの一環として、ESMPを策定する。EP用語集では、「アセスメントによって明らかにされたリスクと影響を、回避・最小化・代償とオフセットを通じて軽減するための顧客の義務を要約したもの」と定義されており、プロジェクト実施者の義務的な対応を、計画というかたちで時系列に沿って記したものである。ESMPの内容がどの程度に詳細で重層的である必要があるのか、またそのなかにある各項目の優先順位は、プロジェクトが内包する潜在的リスクと影響の大きさに比例して決まる。ESMP

図表2-20　プロジェクトの種類と各マネジメントプランの例

火力発電所建設プロジェクト	・住民移転計画・生計回復計画 ・先住民族の保護計画 ・水管理計画 ・緊急時への備えと対応策 　（例）　火災事故対応マニュアルなど
海上石油開発プロジェクト	・緊急時への備えと対応策 　（例）　原油流出事故対応マニュアルなど ・生物多様性保全に関する計画 ・廃棄物管理計画 ・設備廃棄計画

の定義は、IFC・PS第1基準にあるマネジメントプログラム「Management Programs」とおおむね同じである。

さらに、必要に応じて、「EPアクションプラン（Equator Principles Action Plan）」の策定と合意を、プロジェクト実施者とEPFI双方に求めている。

(3) EPアクションプラン

EPFIの環境・社会デューデリジェンスの結果、ESIA、ESMP、ESMS、ステークホルダー・エンゲージメントに関連する文書などに記載されている内容の水準とEPが採用する適用基準との間に乖離があることが判明し、その乖離幅がEPFIの許容可能な範囲内に収まっていない場合は、EPアクションプランを作成する。EPアクションプランは、その乖離（ギャップ）を埋め合わせるためにプロジェクト実施者がとるべき必要な対策（アクション）を、優先順位と実施期限とともに表記する。EPアクションプランは、一般的に表形式で表示され、軽減措置やアセスメントを補完するために必要な追加調査などをリストアップする。通常、プロジェクト実施者が準備したマネジメントプランを、独立した環境・社会コンサルタントがレビューし、EPを遵守するために必要なEPアクションプランが作成される。

なお、「指定国」で実施するプロジェクトは、現地国の法規制の遵守をもって、「原則4：環境・社会マネジメントシステムと、EPアクションプラ

図表2-21　EPアクションプランの概念

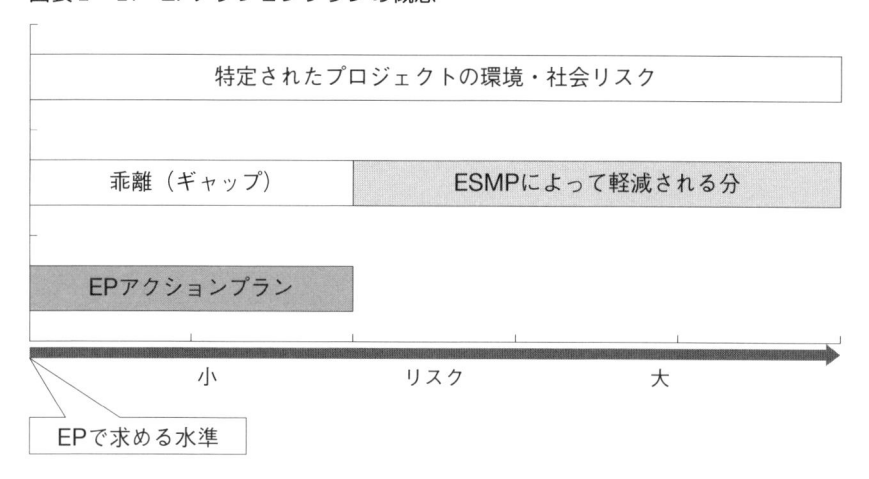

```
┌─────────────────────────────────────────────┐
│        特定されたプロジェクトの環境・社会リスク        │
└─────────────────────────────────────────────┘

┌──────────────┬──────────────────────────────┐
│  乖離（ギャップ）  │    ESMPによって軽減される分     │
└──────────────┴──────────────────────────────┘

    ┌──────────────┐
    │ EPアクションプラン │
    └──────────────┘
───────────────────────────────────────────→
        小            リスク            大
   ↑
┌─────────────┐
│ EPで求める水準 │
└─────────────┘
```

ン」を満たしているとみなされる。よって、実務上は、上記の要求事項は達成されているものとみなし、EPアクションプランの作成を省略することも可能である。

　図表2-22は天然ガス火力発電所におけるアクションプランのイメージを示したものである。騒音（80dBA）は、法規制上の許容値（90dBA）を満たしているが、EPが要求するEHSガイドライン（55dBA）を満たしておらず、その超過分（25dBA）がEPとの乖離となる。この場合、対応策としては、防音壁の建設や、より静音性の高い装置への変更などが考えられる。

図表2-22　天然ガス火力発電所の場合

・騒　　音

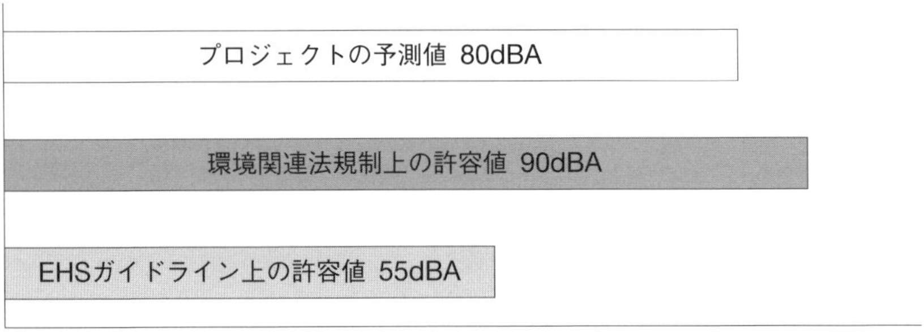

プロジェクトの予測値　80dBA

環境関連法規制上の許容値　90dBA

EHSガイドライン上の許容値　55dBA

・窒素酸化物（NOx）

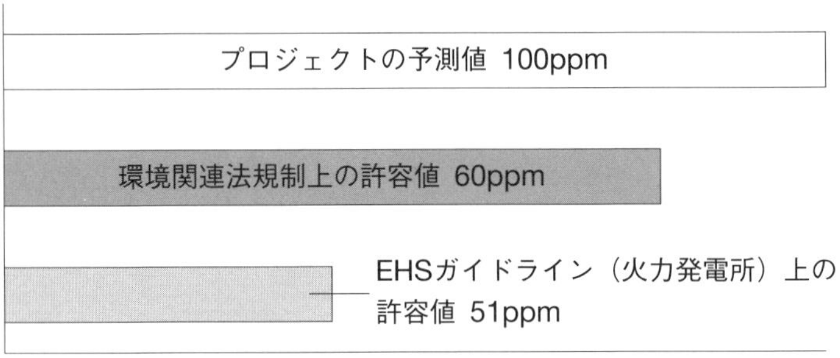

プロジェクトの予測値　100ppm

環境関連法規制上の許容値　60ppm

EHSガイドライン（火力発電所）上の許容値　51ppm

[EPアクションプラン（例）]

項目		適用基準	基準値	プロジェクトの値	適用基準との乖離	対応策
騒音	—	General EHS Guideline <Noise Management>	55dBA	80dBA	25dBA	・周辺レセプターの再調整 ・防音壁の建設 ・静音性の高いコンプレッサーへの変更
大気	窒素酸化物	EHS Guideline／Thermal Power	51ppm	100ppm	49ppm	・低ＮＯｘバーナーの使用

コラム 5

EPと人権

(1) ラギー・フレームワークと指導原則

人権は、気候変動と並び、グローバルな企業活動でいま最も注目されているテーマの1つである。

EPが参照基準とする世界銀行グループの国際金融公社が定めたパフォーマンススタンダード（以下「IFC・PS」）は、2012年改訂[注1]において、企業活動領域における人権配慮の状況に係る国際的関心の高まりを受け、労働者や先住民族などへの人権配慮のアプローチを強化した。

また、EPの2013年改訂においても、個別原則のいくつかで人権配慮の面が強化されている。

国際機関や国際金融機関などが人権配慮のベースラインとして位置づけてい

「ラギー・フレームワーク」の3つの柱	その内容	対応する「指導原則」上の記載
「人権を保護する国家の義務」	国家は、その政策や規制、および司法機能を通して、企業を含む第三者による人権侵害から自国の労働者を保護する義務を負う。	・「人権及び基本的自由を尊重、保護及び実現するという国家の既存の義務」（一般原則(a)） ・原則1～10
「人権を尊重する企業の責任」	人権尊重の実現に向けて企業側が人権配慮の状況を詳らかに確認する（デューデリジェンス）責任を負う。	・「特定の機能を果たす特定の社会組織として、適用されるべき全ての法令を遵守し人権を尊重するよう求められる、企業の役割」（一般原則(b)） ・原則11～24
「救済へのアクセス」	細心の注意を払っても全ての人権侵害を防止することの困難さゆえに、人権侵害の犠牲者が、司法的救済に限らず、実効的な救済の道が開かれている必要がある。	・「権利及び義務が侵されるときに、それ相応の適切で実効的な救済をする必要性」（一般原則(c)） ・原則25～31

（出所）　国際連合広報センターウェブサイトより作成

るのは、2008年に策定された「保護、尊重、及び救済」の枠組み（以下「ラギー・フレームワーク」）と、同フレームワークの具体的かつ実行可能な運用ガイドラインとして2011年に策定された、国連「ビジネスと人権に関する指導原則（以下「指導原則」）」である。

「ラギー・フレームワーク」と「指導原則」は、アナン国連事務総長（当時）から付託を受けたジョン・G・ラギー大学教授とそのチームが、政府・産業界・労働組合・市民団体等との協議を重ねて策定した、人権とビジネスに関するフレームワークと運用ガイドラインである。

これらを策定するに至った発端は、途上国に進出した多国籍企業とその協力企業の経済活動において発生した労働者などへの深刻な人権侵害に対し、企業の責任を明確化するためのグローバルベースの規範が必要だったことにある。

「ラギー・フレームワーク」における、企業活動における人権配慮は、以下の3本柱で構成され、「指導原則」の一般原則および個別原則に具体化されている。その対応関係は前ページの表のとおりである。

(2) 「EP」における個別原則との関連

企業の人権配慮の運用ガイドラインである「指導原則」は、一般原則と、これに対応した31の個別原則で構成される。これら個別原則のうち、EP各原則で定められている人権配慮確認のためのアプローチとの対応関係は以下のとおりである[注2]。

① 「原則2：環境・社会アセスメント」

EP原則2においては、以下のように人権デューデリジェンスが必要な場合を想定している。

[EP原則2：環境・社会アセスメント]

> プロジェクトについてのアセスメント文書には、環境・社会影響評価書が含まれる。（中略）特定のハイリスクとみられる状況下では、顧客は、アセスメント文書に加えて、固有の人権課題についてデューデリジェンスを行うのが適切な場合もある。

一方、「指導原則」の原則17では、人権デューデリジェンスはプロジェクト実施者である企業が実施すべき事項と位置づけられている。

[指導原則17]

> 人権への負の影響を特定し、防止し、軽減し、そしてどのように対処するかということに責任をもつために、企業は人権デューデリジェンスを実行すべきである。

　人権デューデリジェンスについてEP上では、具体的な要求項目もアプローチ手段も明示されていないため、EPFIは評価方法や手続の確立に向けて検討を進めている段階にある。
　② 「原則3：適用される環境・社会基準」
　EP原則3においては、以下のように指定国以外の国に所在するプロジェクトについて、現地国法規制の遵守のみならず、国際的な基準の遵守を要求している。

[EP原則3：適用される環境・社会基準]

> アセスメントのプロセスにおいては、第一に、プロジェクト所在国の環境・社会問題関連法規制、許認可の遵守状況を示さなければならない。（中略）EPFIは、アセスメントのプロセスにおいては、以下の適用基準の遵守について評価するよう求める。
> 1．「指定国以外の国」に立地するプロジェクト：アセスメントのプロセスにおいて、プロジェクトがその時点のIFCパフォーマンススタンダードと、世界銀行グループの環境・衛生・安全（EHS）ガイドラインの基準を満たしているかを評価すること。

　IFC・PSの2012年版は「指導原則」を参照しているが、「指導原則」の原則12では、企業は本社所在地やプロジェクト所在国の法規制に基づいた責任を負うだけでなく、「国際的に認められた人権」を尊重しているかが評価されるとし、かかる「国際的に認められた人権」につき、以下のように明示している。

[指導原則12]

> 人権を尊重する企業の責任は、国際的に認められた人権に拠っているが、それは、最低限、国際人権章典で表明されたもの及び労働における基本的原則及び権利に関する国際労働機関宣言で挙げられた基本的権利に関する原則と理解される。

③ 「原則5：ステークホルダー・エンゲージメント」
　EP原則5においては、プロジェクト実施者に対して、プロジェクトによって大きな負の環境・社会影響を受ける地域社会への責任として、以下のように要求することが明記された。そのプロセスは地域社会が望む言語でかつ文化的に適切であること、特に不利な条件に置かれた、あるいは社会的に弱い立場のグループのニーズに応じるべきであることとされている。
[EP原則5：ステークホルダー・エンゲージメント]

> プロジェクトが、影響を受ける地域社会に対して大きな負の影響を与える可能性がある時、顧客は影響を受ける地域社会に対して十分な情報を提供した上での協議と参画（Informed Consultation and Participation）のプロセスを取る。

　「指導原則」の原則18では、プロジェクト実施者による人権デューデリジェンスの第一歩は、「企業が関与する、実際のそして潜在的な人権への負の影響の性質を特定し、評価することである」（同原則解説）とし、以下の要求を掲げる。
[指導原則18]

> 人権リスクを測るために、企業は、その活動を通じて、またはその取引関係の結果として関与することになるかもしれない、実際のまたは潜在的な人権への負の影響を特定し評価すべきである。このプロセスでは、以下のことをすべきである。
> a．内部及び／または独立した外部からの人権に関する専門知識を活用する。
> b．企業の規模及び事業の性質や状況にふさわしい形で潜在的に影響を受けるグループやその他の関連ステークホルダーとの有意義な協議を組み込む。

④ 「原則6：苦情処理メカニズム」
　EP原則6では、以下のように苦情処理メカニズムの構築がプロジェクト実施者に対して求められる。この苦情処理メカニズムの構築については、EP第3版ではプロジェクトが立地する国・地域にかかわらず適用されることが定められた。

[EP原則6：苦情処理メカニズム]

> 全てのカテゴリーAのプロジェクトと、カテゴリーBプロジェクトのうち必要とされるプロジェクトについて、EPFIは、ESMSの一環として顧客が苦情処理メカニズムを構築することを要求する。

　一方、「指導原則」の原則29では、事業レベルの苦情処理メカニズムにつき以下のように明示する。
[指導原則29]

> 苦情への対処が早期になされ、直接救済を可能とするように、企業は、負の影響を受けた個人及び地域社会のために、実効的な事業レベルの苦情処理メカニズムを確立し、またはこれに参加すべきである。

(3)　EP以外の人権配慮への取組み
　① 　トゥーングループ
　民間金融機関において人権に集中した活動を行っているのが、The Thun Group of Banks（以下「Thun Group」）である。「ラギー・フレームワーク」と「指導原則」が銀行業務に与える影響を検討するグループとして発足したこのグループの名は、2011年と2012年に本グループの会合がもたれたスイスの地名に由来するように、参加メンバーはヨーロッパの民間銀行が中心である[注3]。
　Thun Groupは2013年10月、銀行のアセットマネジメント業務、リテール業務、法人・投資銀行業務における「指導原則」の適用可能性についてまとめたディスカッション・ペーパー[注4]をリリースした。同ペーパーは、銀行業務上の人権尊重の責務に関する考察の重要性を明確にしたこと、および「指導原則」をかかる考察上における起点に位置づけた2つの点で評価される。その一方で、ディスカッション・ペーパーの議論を構築する過程で市民団体等のステークホルダーの参加がなかったことや、「ラギー・フレームワーク」の第3の柱である救済へのアクセスについての記述がない点等が批判を受けている[注5]。
　Thun Groupは2014年6月に複数のステークホルダーを招きディスカッション・ペーパーに対するフィードバックと今後の活動の検討を実施し、今後もシンク・タンクとして非公式なかたちで存続し、「指導原則」で使われる用語の

解釈のほか、ステークホルダー・エンゲージメント戦略や救済へのアクセス等を検討する旨合意している[注6]。

② 経済協力開発機構

経済協力開発機構（以下「OECD」）の多国籍企業行動指針（OECD Guidelines for Multinational Enterprises、以下「行動指針」）が、多国籍企業に対して、社会的に責任の行動をとるよう勧告している。行動指針にはOECD加盟国34カ国を含む46カ国（2015年7月時点）が参加しており、参加各国には行動指針の普及やナショナル・コンタクト・ポイント（National Contact Point）と呼ばれる連絡窓口の設置等を求めている。

2011年版の行動指針には「ラギー・フレームワーク」が盛り込まれ、企業による人権尊重に係る章が追加された。多国籍企業は自らの企業活動において、指導原則に従った人権デューデリジェンスを実施すべきとの規定が盛り込まれている。

OECDでは金融機関に対する行動方針の適用を議論し、多国籍企業同様に行動指針を適用すべきことが確認された。OECDは、金融セクターにおける責任ある企業活動を検討するプロジェクトチームを結成し、金融商品別のケーススタディーをまとめ、国・民間企業・市民団体・労働組合等で構成されるステークホルダー協議を経たうえで、今後金融におけるデューデリジェンスに関するサマリーを作成する予定である。

③ 国際連合環境計画・金融イニシアティブ

国連環境計画・金融イニシアティブ（United Nations Environmental Programme Finance Initiative、以下「UNEP-FI」）は、2006年に人権に関する専門部会を立ち上げ、金融機関における人権リスク課題に取り組んでいる。UNEP-FIは、環境社会に配慮した金融事業を進める金融機関のパートナーシップとして1992年に設立され、世界230社（2014年時点）の銀行・証券・保険会社等の金融機関が加盟している。

UNEP-FIの活動の成果の1つが、UNEP-FIウェブサイトで一般に公開されている、金融機関の人権デューデリジェンス・ツール"Human Rights Guidance Tool for the Finance Sector"（金融セクターのための人権ガイダンス・ツール）[注7]である。UNEP-FIは本ツールを英バークレイズと共同で作成しており、ツール上の質問項目を用いながらオペレーション上の人権リスクを評価できるような内容となっている。

（三菱東京UFJ銀行　柴土　真季）

(注1)　EPではプロジェクト所在国がOECD高所得国でない「指定国以外の国」で

ある場合、プロジェクト所在国の環境・社会法規制の遵守確認に加え、IFC・PSの遵守を確認する。このため、EP本体にも関連性の高いIFC・PSの人権配慮項目における変更が取り入れられた。
（注2） 「指導原則」の日本語訳については、国連広報センター（UNIC）ウェブサイト掲載のものを引用。
（注3） Barclays、Credit Suisse、UBS、Unicreditの4行が当初メンバーとされており、その後BBVA、INGおよびRBSが加わったとされる。
（注4） The Thun Group of Banks, "UN Guiding Principles on Business and Human Rights : Discussion Paper for Banks on Implications of Principles 16-21," October 2013
（注5） Damiano de Felice, "Banks and Human Rights Due Diligence : A Critical Analysis of the Thun Group's discussion paper on the UN Guiding Principles on Business and Human Rights," August 7, 2014
（注6） Business & Human Rights Resource Centreによる質問への回答（2014年8月19日）。http://business-humanrights.org/sites/default/files/documents/Thun%20Group%20re%20analysis%20of%20discussion%20paper%20-%20Aug%202014.docx
（注7） ツールURL：http://unepfi.org/humanrightstoolkit/

9 【原則5】
ステークホルダー・エンゲージメント

> **原則5:ステークホルダー・エンゲージメント**
>
> カテゴリーAもしくはカテゴリーBを付与された全てのプロジェクトについて、EPFIは顧客が、影響を受ける地域社会、および必要に応じてその他のステークホルダー(Other Stakeholders)に対して、効果的なステークホルダー・エンゲージメント(Stakeholder Engagement)を体系的にかつ文化的に適切な方法で継続的に実施することを求める。プロジェクトが、影響を受ける地域社会に対して大きな負の影響を与える可能性がある時、顧客は影響を受ける地域社会に対して十分な情報を提供した上での協議と参画(Informed Consultation and Participation)のプロセスを取る。顧客は、プロジェクトのリスクと影響、プロジェクトの開発段階、影響を受ける地域社会が望む言語、地域社会の意思決定プロセス、不利な条件におかれた、あるいは社会的に弱い立場のグループ、の必要に応じながら協議プロセスを調整する。この過程において外部からの操作、干渉、強制、脅迫などがあってはならない。
>
> ステークホルダー・エンゲージメントを促すため、顧客はプロジェクトのリスクと影響に応じて適切なアセスメント文書を、影響を受ける地域社会と必要に応じて他のステークホルダーが、現地語で文化的に適切な方法で容易に入手できるようにする。
>
> 顧客は、合意された全ての対策を含むステークホルダー・エンゲージメントのプロセスの結果を考慮し、記録する。環境・社会に対するリスクと負の影響があるプロジェクトの情報はアセスメントの初期段階、遅く

ともプロジェクトの建設が始まる前には必ず開示され、かつその後も継続的に開示されなければならない。

EPFIは、プロジェクトの影響を受ける地域社会の中で、先住民族は脆弱な立場にある可能性があると認識する。プロジェクトの影響を受ける先住民族は、十分な情報提供を受けた上での協議と参画プロセスの対象である。それらのプロジェクトはプロジェクト所在国の先住民族の権利と保護にかかる当該国の法律、および当該国が国際法に則り履行する義務を負う法律を遵守しなければならない。原則3の定義に該当する場合で、IFCパフォーマンススタンダード第7基準にある特別な状況下では、先住民に対して負の影響のあるプロジェクトは、先住民の自由意志による、事前の十分な情報に基づく合意（Free, Prior, and Informed Consent：FPIC)[3]が必要である。

---

3 FPICについて全世界的に受け入れられた定義は存在しない。FPICは顧客と影響を受ける先住民のコミュニティーの間での善意ある交渉を通じて、情報を得た上での協議と参画を一層拡大し、判断について先住民族の意味ある参加を確実にし、合意を得ることに焦点を当てる。FPICは影響を受ける先住民全員の合意を必要とするものではなく、個人もしくは少数グループに拒否権を与えるものではない。顧客に対してはコントロールできない事柄について同意することは求めない。FPICを達成するための手順はIFCパフォーマンススタンダードの第7基準に記載されている。

原則5は、カテゴリーAもしくはBを付与された全てのプロジェクトについて「ステークホルダー・エンゲージメント」を実施することを求めている。

「ステークホルダー・エンゲージメント」は、「原則2：環境・社会アセスメント」で特定されたプロジェクトによって生じるリスクや影響について、プロジェクト実施者が影響を受ける人々やその他の関係者（そのプロジェクトから直接の影響は受けないが、プロジェクトに関心をもつ、あるいは利害関係を有する国・地方の政府機関、隣接プロジェクトの関係者、非政府組織など）に

対して、プロジェクトに関する情報を提供し、対話の機会を設け、参画を促すためのもので、IFC・PS第1基準の記述を念頭に置いている。

(1) ステークホルダー・エンゲージメント

　プロジェクト実施者は、効果的にステークホルダー・エンゲージメントを実施するために、ステークホルダーの特定から、コンサルテーションの実施まで、体系的な計画を策定する必要がある。その計画に基づき、プロジェクトの関連情報を事前に開示し、影響を受ける地域住民やその他の関係者がプロジェクトのリスクや影響について理解できるようにする。

　ステークホルダーがプロジェクトによって負の影響を受ける可能性がある場合、プロジェクト実施者は計画段階からコンサルテーションを実施する。プロジェクト実施者は、コンサルテーションを通して、影響を受ける地域の人々からプロジェクトのリスクや影響と、それらへの対応策に関する見解を聞き、彼らの質問に対して回答する。特定された負の影響が深刻である場合は、体系立てられた協議方式で、地域住民とさらに緊密なコミュニケーションをとる。そして、プロジェクトのリスクや影響への対応策の意思決定プロセスに、地域住民がより早い段階から参画することを促すことが必要となる（「影響を受ける地域社会に対して十分な情報を提供した上での協議と参画」）。

　なお、コンサルテーションにあたっては、現地地域社会の意思決定のプロセスを尊重するとともに、社会的に弱い立場にあるグループの存在など、文化的・社会的な背景を十分考慮して、協議形式を調整する。たとえば、プロジェクト実施者は、公用語のほかに、その地域の参加者が使用している現地語で協議を実施する必要がある。文化的・宗教的な背景から、先住民や女性などに対して特別な配慮を要する場合は、彼ら／彼女らのために別途機会を設けてコンサルテーションを実施することが望ましい。また、プロジェクト実施者は恣意的に協議プロセスを調整したり、あるいは現地の有力者グループや第三者の圧力に屈することがあってはならない。

　コンサルテーションは、より多くのステークホルダーが参加できるように、プロジェクト実施者の現地オフィスや、公民館などの公共施設、または

地域の集会所などステークホルダーがアクセスしやすい場所で実施されることが多い。アセスメント文書等のプロジェクト関連情報についても、現地の使用言語で書かれ、地域住民がいつでも閲覧可能な場所に保管されることが望ましい。プロジェクト実施者がステークホルダー・エンゲージメントの結果や、コンサルテーションなどで合意された内容を記録・保管することも非常に重要である。議事録などのかたちで地域住民とのコミュニケーションの経緯や意思決定プロセスなどをエビデンスとして記録しておくことは、影響を受ける地域住民だけでなく、プロジェクト実施者にとっても、後々問題が生じた際への備えとして有効な手法といえるからだ。

　この他、IFC・PS第1基準では、現地国家など第三者が主導するプロジェクトの場合でも、プロジェクト実施者が、関係当局や第三者と協働して、IFC・PSで定めるステークホルダー・エンゲージメントの要件を満たすよう求めている。また、外部ステークホルダーとのコミュニケーションのとり方については、外部からの意見の受付、登録、内容の精査、対応などの一連のプロセスを苦情処理メカニズムとして確立することを求めている。苦情処理メカニズムについては本章⑩「【原則6】苦情処理メカニズム」の項で詳述する。

(2) 先住民族への配慮

　影響を受ける地域に、先住民族がいる場合、ステークホルダー・エンゲー

あるプロジェクトのコンサルテーションの様子

ジメントには特別な配慮が必要となる。

　先住民族の定義については、現在も多くの議論がある。その呼び名も、国や地域によってオーストラリアのアボリジニ、カナダのファースト・ネイションなどさまざまである。IFC・PS第7基準は、程度の差はあるものの、下記のような特徴をもつ人々／集団を、一般的な意味での先住民族としている。実際のプロジェクトでは、専門家による分析と判断が必要になることが多い。

・固有の文化集団のメンバーであるというアイデンティティをもち、他者からもそう認識されている。
・対象プロジェクトエリア内で地理的に明確に区別された居住地、または先祖代々の土地、およびこれら居住地および土地の自然資源に共同体として愛着をもっている。
・慣習的な文化、経済、社会、政治制度が主流を成す社会・文化の制度とは区別される。
・多くの場合、居住する国・地域の公用語とは異なる、明確に区別された言語あるいは方言を用いる。

　プロジェクト実施者は、先住民族の権利と保護にかかわる、プロジェクト所在国の法規制、または国際法ないしは国際的な基準を遵守しなければならない。さらに、EPでは影響を受ける先住民が、IFC・PS第7基準にある「特別な状況下」のいずれかに置かれる場合、プロジェクト実施者は先住民の自由意志による、事前の十分な情報に基づく合意（Free, Prior, and Informed Consent、FPIC）を形成する必要があるとしている。「特別な状況」とは以下の状況を指している。

　プロジェクトによって、
① 先住民族が伝統的に所有している、あるいは慣習的に使用している土地や自然資源への影響がある場合
② 先住民族が伝統的に所有している、あるいは慣習的に使用している土地や自然資源から、先住民族を移転させる場合
③ 重要な文化遺産に影響を与える場合

FPICの概念は比較的新しいもので、全世界的に受け入れられた定義は現時点でまだ存在しない。IFC・PS第7基準には、FPICは必ずしも影響を受ける先住民族全員の合意を必要とするものではなく、コミュニティー内の個人もしくは少数グループが合意していない状況でも達成されることがある、と記述されている。また、原則5では、プロジェクト実施者自身がコントロールできない事柄についてまで、FPICを取得することは求めていない。たとえば、(ア)現地政府など第三者によって、プロジェクトの立地や設計などの計画にかかわる判断がなされた場合や、(イ)現地政府など第三者による土地収用の際に住民移転や生物多様性の損失が発生した場合などである。

　FPICの本質は、プロジェクト実施者と影響を受ける先住民族のコミュニティーの間での善意ある交渉を通じて、十分な情報が提供されたうえでの協議と参画を促し、プロジェクト実施者の判断に際しては先住民族の意義ある参加を確実に実現したうえで、合意を形成することである。

　なお、FPICを達成するための手順の詳細は、IFC・PSの第7基準に記載されている。

　実際のプロジェクトにおいては、プロジェクト所在国の先住民族に関する法律で所有権が明確に確立されていない場合でも、たとえば何百年も前から先住民族が慣習的に利用している土地・自然資源・文化遺産が、プロジェクトエリア内に存在するようなときは、プロジェクト実施者は慎重に対応するべきである。最近では、たとえ先住民族による法的な所有権が認められていない場合でも、土地や自然資源の実際の利用状況を考慮して、先住民族の土地に対する権利が認められた判例も出ている。プロジェクト実施者は、プロジェクトが上記のような「特別な状況下」に該当する場合、FPICを達成するための先住民族との事前協議を自発的に進めることで、プロジェクトの進行に大きな障害となりうるリスクを理解しておくことが賢明といえるだろう。

10 【原則6】苦情処理メカニズム

> **原則6：苦情処理メカニズム**
>
> 全てのカテゴリーAのプロジェクトと、カテゴリーBプロジェクトのうち必要とされるプロジェクトについて、EPFIは、環境・社会マネジメントシステム（ESMS）の一環として顧客が苦情処理メカニズムを構築することを要求する。これは、プロジェクトによるこれまでの環境・社会面の配慮についての懸念と苦情を受け付け、問題解決に努めることが目的である。
>
> 苦情処理メカニズムは、プロジェクトのリスクと負の影響の度合いに応じて構築され、影響を受ける地域社会が主たる利用者となる。文化的に適切で、直ちに利用可能な手順を利用した無料でわかりやすくて透明性が高く、懸念事項を最初に提起した者がコストを負担させられることや報復を受けることのない協議プロセスを通じて、懸念事項を速やかに解消するように努める仕組みである。このメカニズムがあるからといって、司法または行政による救済措置を利用することが妨げられてはならない。顧客は、影響を受ける地域社会に対し、ステークホルダー・エンゲージメントのプロセスの一環としてこのメカニズムについて周知する。

　原則6は、全てのカテゴリーAのプロジェクトと、カテゴリーBプロジェクトのうち必要とされるプロジェクトに対して適用される。プロジェクト実施者は、環境・社会マネジメントシステム（ESMS）の一環として、地域住

民や関係者から、プロジェクトに関する懸念や苦情を受け付け、その問題解決に至るまでのメカニズムを構築しなければならない。

「苦情処理メカニズム」とはいかなるものか、そのイメージは、一般企業の「お客さま相談室」といった消費者の苦情や相談を受け付ける窓口機能をイメージするとわかりやすいだろう。この場合の「一般企業」が「プロジェクト実施者」に、「消費者」がプロジェクトにより影響を受ける「地域社会の住民やその他ステークホルダー」に置き換えられる。

苦情処理メカニズムによって明らかになった懸念事項や苦情のうち、EP遵守に影響を与えるものの解決方法は、必要に応じてEPアクションプランに組み込むなど、ESMSの運用を通して、プロジェクト全体の環境・社会リスクの軽減を図ることが期待されている。図表2−23は懸念や苦情の受付からその解決に至るプロセスを例示したものである。苦情処理メカニズムを構築する際には、プロジェクトの内容やそのリスクと負の影響の大きさを考慮に入れつつ、ベストプラクティスとして懸念や苦情の受付から何日目までにどのような処理をする、という処理期日の目安を設けることが望ましい。

プロジェクト実施者は影響を受ける地域住民に対して、この苦情処理メカニズムの仕組みと利用方法を、「原則5：ステークホルダー・エンゲージメント」のプロセスを通して周知する。

なお、この苦情処理メカニズムの構築においては、主たる利用者であるプロジェクトにより影響を受ける地域住民が、現実的に使えるものでなくてはならない。

具体的には、以下のように設計上の瑕疵がないように努めることが要求されている。

① 「文化的に適切」：影響を受ける地域住民の全員が理解できるように、必要に応じて複数言語での対応とすること
② 「直ちに利用可能な手順」「わかりやすくて透明性が高い」：苦情の受付から対応に至るプロセスの簡便性および透明性を確保すべく、限定された当事者間での書面協議をもっぱらとするような秘匿性の高い迂遠なプロセスとしないこと

図表2−23 苦情処理メカニズムの例

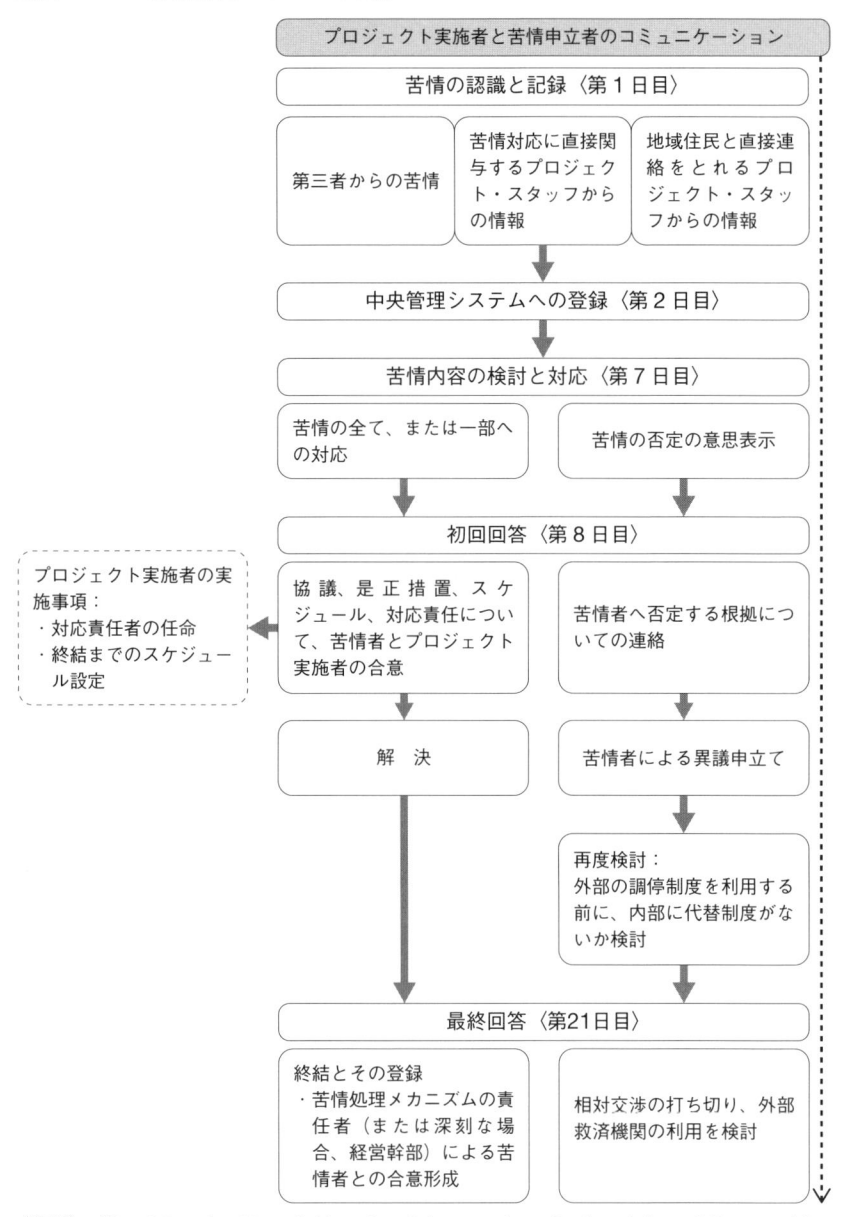

```
┌─────────────────────────────────────────────┐
│   プロジェクト実施者と苦情申立者のコミュニケーション   │
└─────────────────────────────────────────────┘
            ↓
    苦情の認識と記録〈第1日目〉
    ┌──────────┬──────────────┬──────────────┐
    │第三者からの│苦情対応に直接関│地域住民と直接連│
    │苦情       │与するプロジェク│絡をとるプロジェ│
    │          │ト・スタッフから│クト・スタッフか│
    │          │の情報         │らの情報       │
    └──────────┴──────────────┴──────────────┘
            ↓
    中央管理システムへの登録〈第2日目〉
            ↓
    苦情内容の検討と対応〈第7日目〉
    ┌──────────────────┬──────────────────┐
    │苦情の全て、または一部│苦情の否定の意思表示│
    │への対応             │                  │
    └──────────────────┴──────────────────┘
            ↓
        初回回答〈第8日目〉
    ┌──────────────────┬──────────────────┐
    │協議、是正措置、スケ │苦情者へ否定する根拠│
    │ジュール、対応責任に │についての連絡     │
    │ついて、苦情者とプロ │                  │
    │ジェクト実施者の合意 │                  │
    └──────────────────┴──────────────────┘
            ↓                    ↓
         解  決            苦情者による異議申立て
                                 ↓
                          再度検討：
                          外部の調停制度を利用する
                          前に、内部に代替制度がな
                          いか検討
            ↓                    ↓
         最終回答〈第21日目〉
    ┌──────────────────┬──────────────────┐
    │終結とその登録       │相対交渉の打ち切り、│
    │・苦情処理メカニズムの│外部救済機関の利用を│
    │ 責任者（または深刻な│検討              │
    │ 場合、経営幹部）によ│                  │
    │ る苦情者との合意形成│                  │
    └──────────────────┴──────────────────┘
```

プロジェクト実施者の実施事項：
・対応責任者の任命
・終結までのスケジュール設定

（出所）「Good Practice Note Addressing Grievance from Project-Affected Communities, IFC」と過去の実例に基づき著者作成。

③ 「無料」「懸念事項を最初に提起した者がコストを負担させられることや報復を受けることがない」：苦情申立てや協議をするにあたり、たとえばフリーダイヤルのホットラインを設定したり、苦情申立者が暴力や嫌がらせ等の危害を加えられることがないなど、苦情申立側に金銭的・肉体的・精神的な負担を生じさせないこと

また、「苦情処理メカニズム」は、あくまでも当事者間での問題解決システムであることから、プロジェクト実施者との協議が不調に終わった場合等には、影響を受ける地域住民は、行政や司法による救済を求める可能性がある。

原則6では、当事者間の「苦情処理メカニズム」の存在が、行政や司法による救済の機会を阻害してはならないことについても触れている。

11 【原則7】独立した環境・社会コンサルタントによるレビュー

原則7：独立した環境・社会コンサルタントによるレビュー

プロジェクトファイナンスの場合

全てのカテゴリーAのプロジェクトと、カテゴリーBプロジェクトのうち必要とされるプロジェクトについて、EPFIのデューデリジェンスを補完し、EPの遵守状況を評価するために、顧客と直接関係のない独立した環境・社会コンサルタントが、ESMP、ESMS、ステークホルダー・エンゲージメントのプロセスを記録した文書を含むアセスメント文書の独立したレビューを行う。

また、独立した環境・社会コンサルタントは、プロジェクトがEPを遵守できるよう、適切なEPアクションプランを提案するか見解を示す。あるいは遵守できない場合はその指摘をする。

プロジェクト紐付きコーポレートローン（PRCL）の場合

以下の条件を含む（ただし、以下に限定されるものではない）高リスクの影響が懸念されるプロジェクトに関して、独立した環境・社会コンサルタントによる独立したレビューが求められる。

・先住民族に対する負の影響がある場合
・非常に重要な生息地（Critical Habitats）への影響がある場合
・文化遺産への重大な影響がある場合

・大規模な住民移転を伴う場合

その他のカテゴリーＡ、およびカテゴリーＢのうち必要とされるプロジェクトに対するPRCLについては、EPFIは独立した環境・社会コンサルタントによるレビューが適切か、あるいはEPFIの行内的なレビューで十分かどうかを決定できる。またこの決定に際し、国際開発金融機関、あるいはOECDのECA（輸出信用機関）がデューデリジェンスを実施している場合、その結果を考慮に入れることも可能である。

原則7は、独立した環境・社会コンサルタントによるプロジェクトのレビューについて定めている。

独立した環境・社会コンサルタント（以下「外部コンサルタント」）は、EPでは「EPFIが受け入れ可能で、適格な（プロジェクト実施者とは直接関係のない）独立したコンサルタント会社もしくは個人コンサルタント」と定義されており、プロジェクト実施者と資本関係にないなどの独立したコンサルタントを意味する。またプロジェクト実施者の委託によりESIAを作成するコンサルタントとは異なるコンサルタントを任命することが望ましい。ただし、特定分野の高度な専門知識が必要で他に適当な先が見つからない場合などもあり、ESIA作成者から独立した立場で意見を述べる態勢が十分に確保されることを確認したうえで、ESIAを作成するコンサルタント会社を外部コンサルタントに任命する場合もありうる。

「EPFIが受け入れ可能」とは、EPをはじめとする国際基準に通じ、さまざまな国でコンサルタント経験・実績をもつことを意味する。コンサルタント会社の実績に加えて、評価を行うコンサルタント個人の経歴や経験に関する情報も外部コンサルタント選定においては肝要である。

外部コンサルタントによるレビューの結果は「EPFIのデューデリジェンスを補完する」とあるとおり、プロジェクトがEPの要求事項を満たしているか否かをEPFIが評価し、判断するための材料として使われる。

なお、外部コンサルタントの費用は一般的にプロジェクト実施者が負担する。

(1) プロジェクトファイナンスの場合

独立したレビューは全てのカテゴリーAのプロジェクトと、カテゴリーBプロジェクトのうち、必要とされるプロジェクトに求められる。

(2) プロジェクト紐付きコーポレートローン（PRCL）の場合

独立したレビューは以下を含む（ただしこれらに限定されない）高リスクの影響が懸念されるプロジェクトに求められる。
・先住民族に対する負の影響
・非常に重要な生息地（Critical Habitats）への影響
・文化遺産への重大な影響
・大規模な住民移転

各項目の詳細は以下のとおり。

a 先住民族に対する負の影響

鉱山開発のプロジェクトなどで、プロジェクトサイトの周辺に先住民族の生活区域があり、プロジェクトによってもたらされる大気汚染や水質汚染等の公害や、土地や自然資源の利用制限などで先住民族の生活に負の影響が及ぶおそれのある場合が考えられる。

b 非常に重要な生息地（Critical Habitats）への影響

珊瑚礁、原生林、熱帯雨林などが非常に重要な生息地に該当する可能性が高く、プロジェクトに起因する水質汚染や森林伐採によってこれらの場所に影響が及ぶおそれのある場合。ガス開発のプロジェクト用地がマングローブ林のなかにあり、その開発で一部を喪失する事例などが考えられる。

c   文化遺産への重大な影響

　プロジェクトにより考古学上や歴史上、文化上（具体例として、国宝やユネスコ世界文化遺産など）もしくは宗教上の遺跡に影響が及ぶおそれのある場合。たとえば、世界遺産の付近で橋を建設するプロジェクトにユネスコが懸念を示している事例がある。

d   大規模な住民移転

　広範囲の土地にわたって実施されるプロジェクトでは、プロジェクトに関する土地取得や土地利用制限などにより、プロジェクトサイト用地内およびその周辺に居住する地域住民が、その意思に反して立退きや移転を求められ、あるいは田畑などの生計手段を失うといった事例等が考えられる。

　なお、プロジェクトファイナンスと異なり、上記４つの重大な影響が想定されないカテゴリーＡおよびカテゴリーＢプロジェクトのPRCLについては、EPFIは独自の判断により、外部コンサルタントによるレビュー実施が必要か、EPFI内のレビューのみで十分かを決定でき、またその決定に際しては国際開発金融機関、あるいはOECD加盟国のECA（輸出信用機関）のデューデリジェンスの結果を考慮することができる。

(3) 外部コンサルタントの役割

a   独立したレビュー

　外部コンサルタントは、プロジェクトの環境社会アセスメント文書の内容がEPおよび現地法規制や国際基準などと比較して問題ないかどうかを確認し、環境・社会面の影響とその影響に対する適切な配慮がとられているか等について意見を述べる。

　また、外部コンサルタントは、必要に応じて、実地調査等を行い、プロジェクト実施者の環境管理能力などが十分かどうかも評価する。

図表 2－24　レビュー報告書に含める事項（例）

構　成	内　容
導　入	・評価の目的、範囲を示し、情報不足等の制約事項があれば明記 ・プロジェクト概要、規模、影響範囲、評価手法等
適用基準	・プロジェクトに適用される基準名を明記
評　価	・主な環境・社会リスクと想定される影響の要約 ・環境影響評価、環境・社会マネジメントプラン（ESMP）、環境・社会マネジメントシステム（ESMS）、ステークホルダー・エンゲージメント、苦情処理メカニズムが適用基準に照らして適切かの評価 ・累積的影響評価の適切性 ・関連設備評価の適切性 ・既存設備の場合は現在の運転状況の評価 ・プロジェクト実施者の環境社会管理能力や適用基準に満たない点に対処する能力 ・適用基準を満たしうるか否かを明確に示す。 ・適用基準を満たさない点があれば、対処方法を提言したうえで、それが重大な問題かどうか、対処されうるかを確認する。
EPアクションプラン	・適用基準を満たさない点があれば、EPアクションプランを作成する。 ・EPアクションプランに含む項目は以下のとおり 　－適用基準を満たさない点 　－満たさない点に対するアクションと優先度 　－アクションの完了時期 　－成果物、モニタリング手法 　－アクションの実施責任者等
添付資料	・必要に応じ写真、図面、入手資料一覧等を添付
プロジェクトカテゴリー	・EPの原則1に従いプロジェクトに適切と思われるカテゴリーを記載する。 ・カテゴリーは最終的にEPFIが判断するため、十分な説明と理由づけを記載する。

外部コンサルタントのレビュー報告書に含めるべき事項の例を図表2–24に示す。

b　EPアクションプランの提案

プロジェクトにEPが定める適用基準をEPFIが納得するように満たさない点がある場合、外部コンサルタントは、プロジェクト実施者がEPを遵守するためのEPアクションプランを提案する、またはプロジェクト実施者が提案するEPアクションプランが適切か否かについて見解を示す。プロジェクト実施者がEPを遵守できない場合は、外部コンサルタントはその旨を指摘する。

また、EPアクションプランは図表2–24のとおり、適用基準を満たさない項目の明確化、満たさない項目の優先順位づけ、必要なアクションの完了時期の設定およびアクションのモニタリング方法などを盛り込む。

EPアクションプラン作成の注意点として、高リスクな問題を優先させること、実施に必要な追加人員や技術等は明確に記載すること、完了に時間を要するアクションは、進捗管理できるように分割した中間目標を設定することがあげられる。

図表2–25　外部コンサルタントの例[*]

・AECOM ・Environmental Resources Management Inc.（ERM） ・Ramboll ENVIRON ・Atkins ・Mott MacDonald Group Ltd.

（*）　ENR誌調査による"The Top 200 Environmental Firms 2015"および"The Top 150 Global Design Firms 2015"の上位50社のうち、EPに基づく独立レビューを実施している企業を著者選定。ENR誌ウェブサイト：http://www.enr.com/toplists/参照。
　　なお、本邦企業ではイー・アンド・イー ソリューションズ株式会社、イー・アール・エム日本株式会社などが独立レビューを実施した実績をもつ。

コラム6

エクエーター原則／赤道原則の課題～アジアの開拓～

みずほ銀行が2010年からリーダーを務め、邦銀三行とも参加するアジア地域採択勧誘ワーキンググループは、アジア地域におけるEP普及活動とアジアの銀行に対するEP採択勧誘に取り組んでいる。このワーキンググループの近年の主な活動は下記表のとおりである。

その他、電話会議を通じた意見交換なども入れると、2012年から2014年にかけてアジア8カ国・地域の100以上の金融機関に対してEPを説明してきた。このような活動にもかかわらずアジアのEP採択銀行数はなかなか増えない。

開催年月	開催地	内容	参加者	EPFI
2012年4月	マニラ	ADB主催セミナーでEPを講演	フィリピン中央銀行、地場大手商業銀行	MHBK
2013年11月	東京	IFC引率のベトナム視察団にEPセミナー開催	ベトナム環境省、中央銀行、地場大手商業銀行	MHBK、BTMU、SMBC、CIB、ING、Itaú、SC
2014年6月	東京	IFC引率のモンゴル視察団にEPセミナー開催	モンゴル環境省、中央銀行、地場大手商業銀行	MHBK、BTMU、SMBC
2014年7月	バンコク	IFC共催のEPセミナー開催	タイ中央銀行、地場大手商業銀行	MHBK、BTMU、Citi、ANZ
2014年9月	台北	台湾銀行協会主催勉強会	台湾の地場主要銀行	MHBK
2014年12月	東京	環境省主催「21世紀金融行動原則」の分科会でパネリストとして参加	環境省、銀行、信託銀行、リース、保険等	MHBK、BTMU、SMBC
2015年1月	北京	IFCと中国銀行協会共催セミナーでEPを講演	環境保全部、銀行監督管理委員会、中国の主要銀行	MHBK、CIB

（注） 各略称は以下の銀行を示す。MHBK：みずほ銀行、BTMU：三菱東京UFJ銀行、SMBC：三井住友銀行、CIB：興業銀行（中国）、SC：スタンダード・チャータード。

上記のセミナー参加者からは、「環境・社会リスク管理の重要性、必要性は十分理解し、認識もしているが、実際の採択はむずかしい」という反応が多い。「EP採択が困難」とする理由の1つはコストだ。行内組織体制や事務フローの整備、専門の担当者の配置など相応のコストがかかることがネックとなる。アジアの地場銀行の場合、クロスボーダーでの融資活動はまだ限定的で、プロジェクトファイナンスを手がけていないところも多い。EP採択により発生するコストや事務負担がその目的や効果に見合うものなのか、という点でEP採択を躊躇するようだ。

　次に、EPを採択することで競争力が落ちてしまうのではないかと懸念している。EPに基づく環境・社会配慮をプロジェクト事業者に対して求めると、その負担を嫌う顧客が離れてしまうのではないかとおそれているのだ。

　欧米の金融機関の間では事業者に対していっそうの環境・社会配慮を求めるためにはどうすべきか、という議論が中心になっているのに対し、アジアではまだ、EPなどの手法を用いて顧客に環境・社会リスク管理の強化まで求める必要があるのか、という議論が多い。

　そのようなアジア地域でのEP普及活動を推進するうえで、鍵の1つと考えられるのは「言語」である。アジアの銀行向けにEPを説明する場合、英語を使用することが多いが、語り手も聞き手もネイティブスピーカーではないことがほとんどである。それぞれの国の言語でEPに関するプレゼンテーションを実施できるよう、そうした人材を育成することも今後の課題の1つであろう。

　2014年7月と2015年1月に台北と北京でそれぞれ開催されたセミナーでは「EP紹介のプレゼンテーションを中国語でやってほしい」と依頼された。幸い、私は中国系カナダ人であり、ネイティブスピーカーとして中国語で資料を作成し、中国語でプレゼンテーションを実施することができた。個人的な感想ではあるが、地場中国語を使用したことで聴衆の反応は格段によくなったものと自負している。お互いに現地語を使用できることから質疑応答が活発になることもあるだろう。その後、台湾から初のEPFIが誕生したが、これも先方の質問等に中国語で対応できたことが大きかったと思う。

　環境や社会への取組みは金融機関にとっても重要であるとの認識はアジアでも広がっている。EPはそのための有効な手法であり、アジアの仲間を増やすことは、環境・社会配慮の重要性についての認識を広げ、持続可能な社会の発展に寄与することにつながる。アジア地域でのEP普及活動に注力し、アジアの金融機関へEP採択を働き掛けていくことはEP協会の重要な活動の1つと考える。

（みずほ銀行　王　存彧）

12 【原則8】誓約条項（コベナンツ）

> **原則8：誓約条項（コベナンツ）**
>
> EPの重要な強みは、同原則の遵守に関連するコベナンツを盛り込むことである。
>
> 顧客は、全てのプロジェクトについて、環境・社会関連法規制、許認可を全ての重要項目において遵守することを融資契約書に盛り込む。
>
> さらに、カテゴリーAもしくはBを付与された全てのプロジェクトについて、顧客は以下のコベナンツを融資契約書に盛り込む。
>
> a) プロジェクトの建設と操業期間を通じて、顧客は全ての重要事項に関し、ESMPと、（適用される場合は）EPアクションプランを遵守する。
>
> b) 顧客は、社内スタッフまたは第三者の専門家によって作成される定期報告書を、EPFIと合意した様式で提出する（報告頻度は、影響の大きさに見合ったもの、または法律の定めに従うものとするが、少なくとも年一回以上とする）。その定期報告書は、(i)ESMPと（作成される場合は）EPアクションプランの遵守状況、(ii)環境・社会に関するその地域、州、国の環境・社会に関する法、規制、許認可の遵守状況について記載する。
>
> c) 顧客は、廃棄計画が作成された場合、必要に応じて合意した廃棄

> 計画に従って、施設を廃棄する。
>
> 顧客が環境・社会に関するコベナンツを遵守していない場合、EPFIは、可能な限りコベナンツの遵守を回復するよう、改善策について顧客と協力する。また、顧客が、合意された猶予期間中に、コベナンツの遵守を回復できない場合、EPFIは、適切と判断する改善策を実行する権利を保持する。

誓約条項（コベナンツ）とは、借入人が貸出人に対し、遵守しなければならない事項を契約書上で誓約するもので、融資期間中に借入人に課される義務を規定するものである。

EPは、全てのプロジェクトに求めるコベナンツとカテゴリーAもしくはBのプロジェクトで求めるコベナンツをそれぞれ定めており、プロジェクト実施者が遵守すべき内容とコベナンツの例文は以下のとおりである。

なお、例文については、EP協会が公開している"GUIDANCE FOR EPFIS ON INCORPORATING ENVIRONMENTAL AND SOCIAL CONSIDERATIONS INTO LOAN DOCUMENTATION"より抜粋したものであり、個別プロジェクトの融資契約にあたっては、顧問弁護士等へ確認のうえでコベナンツを設定する必要があることに留意願いたい。

(1) 全てのプロジェクトに求められるコベナンツ

a　プロジェクト所在国の環境・社会関連法の遵守

環境・社会関連法規制には、大気汚染防止法、水質汚濁防止法、労働関係法や先住民族の権利保護の法令などがあり、これらの法令遵守が求められる。

［例文］

> Compliance with all relevant [Environmental and Social Requirements（注）] in all material respects.
>
> （注）"Environmental and Social Requirements" means, collectively, Environmental and Social Law and the applicable environmental and social standards.

b　プロジェクト所在国の環境・社会関連許認可の取得・維持

環境・社会関連許認可は、プロジェクト実施者がプロジェクト所在国の政府関係当局から取得する必要がある。融資実行時点で取得できていない許認可がある場合は、将来取得すべき時点に遅延なく取得すること、また、取得した許認可を維持することがプロジェクト実施者に求められる。

［例文］

> Compliance with all relevant Environmental and Social Permits.

(2)　カテゴリーAもしくはBのプロジェクトで求められるコベナンツ

a　環境・社会マネジメントプラン（ESMP）とEPアクションプランの遵守

プロジェクト実施者は、通常、建設期間中の環境・社会マネジメントプランを建設開始前までに、操業期間中の環境・社会マネジメントプランを操業開始前までに作成しなければならない。また、プロジェクトがEPで求められている適用基準と乖離があり、EPFIが必要と判断する場合は、EPアクションプランを作成し遵守する必要がある。

[例文]

> Compliance with the [Environmental and Social Management Plan] and with the [Equator Principles Action Plan] (where the Project has an Equator Principles Action Plan) during the construction and operation of the Project, subject to any modifications that have been agreed to by the [Independent Environmental and Social Consultant] in writing subject to Lenders approval.

b　EPFIへの定期報告書の提出

プロジェクト実施者は、環境・社会関連のコベナンツの履行状況をEPFIに定期的に報告する。その報告書は、社内スタッフあるいは外部コンサルタントによって作成されたものでなければならない。

[例文]

> Delivery of progress reports, (i) prepared by the Borrower's in-house staff or third party experts, during the construction phase and operations phase post-Completion, and (ii) prepared by the [Independent Environmental and Social Consultant] during the construction phase and during the operations phase.

c　廃棄計画に従った施設の処理

廃棄計画とは、鉱山開発プロジェクトなどで、閉山後も発生しうる負の影響を管理するため、閉山にあたっての設備の廃棄方法、跡地の管理方法、除却費用の手当やスケジュールをあらかじめ定めるものである。廃棄計画が作成される場合は、プロジェクト実施者はEPFIとの合意に基づいた廃棄計画に従って施設を廃棄しなければならない。

たとえば、鉱山の閉山後の跡地管理として、埋め戻し、植林、坑排水対策等が求められることがある。チリの閉山法（2011年制定）では、粗鉱生産量が月当り1万トンを超える全ての鉱山について、プロジェクト実施者に閉山計画の提出を求めている。その他、ペルー、カナダ、オーストラリア、メキシコ、モンゴル等においても、大規模な鉱山開発プロジェクトの場合は閉山計画の作成が求められる。

［例文］

> Decommissioning of the facilities, where applicable and appropriate, in accordance with an agreed [Decommissioning Plan], to be reviewed by the [Independent Environmental and Social Consultant] and satisfactory to the Agent.

(3) その他のコベナンツ

　EPでは求めていないが、以下の事故等が発生した際の通知義務がコベナンツに織り込まれる場合がある。

［例文］

> ・After becoming aware of the same, promptly notify the Agent of any material event resulting in the release of an [Environmental Contaminant].
> ・After becoming aware of the same, promptly notify to the Agent of any material event resulting in death or multiple injury.
> ・After becoming aware of the same, promptly notify the Agent of any significant community or worker-related protest directed to the Project which can potentially have a Material Adverse Effect on the Project.

⑷ コベナンツを遵守していない場合の対応

　プロジェクト実施者が環境・社会に関するコベナンツを遵守していない場合、一般的にEPFIは直ちに債務不履行事由とはせず、可能な限りコベナンツの遵守を回復するためにプロジェクト実施者に改善策の実施を求める。

　なお、プロジェクト実施者が一定期間内にコベナンツ遵守を回復できない場合は、EPFIは債務不履行が生じた場合の救済措置として、損害賠償請求等の手段をとることができる。

　この点からも、融資契約書に環境・社会関連のコベナンツを含めることは、プロジェクト実施者の環境・社会配慮をより確実なものとするうえで重要といえる。

13 【原則9】独立した環境・社会コンサルタントによるモニタリングと報告の検証

> **原則9：独立した環境・社会コンサルタントによるモニタリングと報告の検証**
>
> プロジェクトファイナンスの場合
>
> 全てのカテゴリーAのプロジェクトと、カテゴリーBプロジェクトのうち必要とされるプロジェクトについて、フィナンシャル・クローズ（Financial Close）(*)から貸出期限までに渡り、プロジェクトがEPを遵守していることを確認し、モニタリングと報告が継続的に確実に実行されるよう、EPFIは顧客に対し、顧客からEPFIに提供されるモニタリング情報を検証するために、①独立した環境・社会コンサルタントの任命、あるいは、②資格を有する経験豊富な外部専門家を雇うこと、を求める。
>
> プロジェクト紐付きコーポレートローン（PRCL）の場合
>
> 原則7で定める独立したレビューが必要なプロジェクトの場合、EPFIは顧客に対し、顧客からEPFIに提供されるモニタリング情報を検証するために、①フィナンシャル・クローズ後も独立した環境・社会コンサルタントを任命する、あるいは、②資格を有する経験豊富な外部専門家を雇うこと、を求める。

(*) EPでは「借入の最初の資金引き出しまでに必要な条件が充足された日、もしくは条件の履行が免除された日」と定義されている。

原則9は、モニタリングを通じてEPが遵守されるよう、独立した環境・社会コンサルタント（以下「外部コンサルタント」）がプロジェクトをモニタリングする、あるいは顧客のモニタリング報告を検証することを定めている。

　これらのモニタリングおよび検証は、「顧客がEPFIに提供するモニタリング情報の内容を検証する」ことを目的としており、すなわち「原則8：誓約条項（コベナンツ）」で求められるEPFIに提出される定期報告書の適切性を担保するためのものといえる。

　プロジェクトの建設と操業期間を通して、プロジェクト実施者は環境・社会マネジメントプランの進捗や、環境社会関連法規制、許認可に定められた基準等の遵守状況をモニタリングする。たとえば、汚染物質がプロジェクトに適用される基準値内に収まっているか、大気質や水質がプロジェクトサイト周辺に適用される基準値内に収まっているか、などを定期的に計測し、記録する。また、プロジェクトサイト周辺で動植物を観察し、生息数の減少など負の影響が生じていないか確認する。プロジェクトにより森林が失われ、緩和策として植林を行う場合は植林面積や成長度合いを記録し、植林が計画どおりに進んでいるか確認する。このようなモニタリングの結果として、プロジェクト実施者はプロジェクトの環境・社会への負の影響度合いを計測し、実施された軽減措置が有効に機能しているか確認する。

　カテゴリーAが付与されるような大規模なプロジェクトの場合は、多様かつ複雑な環境・社会への影響が想定される場合が多く、この場合プロジェクト実施者がモニタリングする項目や手法も多様かつ複雑なものとなる。EPFIに提出される定期報告書はこれらモニタリング結果を要約して環境社会マネジメントプランおよびEPアクションプランの遵守状況を報告するものとなるため、EPFIがプロジェクト実施者からの報告が妥当であると判断するには環境・社会面の専門的知見が必要となる。このような観点から、顧客が任命した外部コンサルタントが顧客のモニタリング結果をふまえて定期報告書を作成する、あるいは顧客が作成した報告書を検証することが必要である。

また、プロジェクト実施者の報告に対し、外部コンサルタントが第三者の立場から中立的な検証を加えることとなるため、報告書の信頼性向上が期待できる。EPFIは信頼性の高い報告書を用いて顧客のEP遵守が確認できるため、EPFIの融資管理における効率性向上につながる。

　外部コンサルタントによるモニタリングと報告の検証は、プロジェクトファイナンスの場合全てのカテゴリーAのプロジェクトと、カテゴリーBのうち必要とされるプロジェクトに求められる。「原則7：独立した環境・社会コンサルタントによるレビュー」において外部コンサルタントによるレビューが求められる要件と同様であるが、原則7に定める外部コンサルタントによるレビューの要否判断と、原則9に定める独立したモニタリングと報告の検証の要否判断は、プロジェクトの性質に応じてそれぞれに行われるべきである。

　一方でプロジェクト紐付きコーポレートローン（PRCL）の場合は、原則7で定める外部コンサルタントによるレビューが必要なプロジェクトに対し、外部コンサルタントによるモニタリングと報告の検証が求められる。

14 【原則10】情報開示と透明性

原則10：情報開示と透明性

顧客に対して求める情報開示要件

原則5に定める情報開示要件に加えて、以下を顧客に対して情報開示するよう求める。

全てのカテゴリーAのプロジェクトと、カテゴリーBプロジェクトのうち必要とされるプロジェクトについて：

・顧客は、ESIAの少なくとも要約を、オンライン上で開示することを確約する[4]。
・顧客は、プロジェクト操業期間中の温室効果ガス（GHG）排出量がCO_2換算で年間10万トン超の場合（スコープ1とスコープ2の合計）、そのGHG排出量を公表する。GHG排出量の公表についての詳細は付属書Aを参照。

EPFIに求める情報開示要件

EPFIは、守秘義務を適切に考慮した上で、少なくとも年に1回、フィナンシャル・クローズした案件およびEPの実施プロセスや実績について公表する。EPFIは、付属書Bに記載されている情報開示要件に従っ

---

[4] 顧客がインターネットへのアクセスを持たない場合は除く。

て公表する。

付属書A－気候変動：代替案分析、温室効果ガス排出量の算定と情報開示（抜粋）

排出量算定と情報開示

温室効果ガス排出量の算定は、例えば温室効果ガスプロトコル（GHG Protocol）のような国際的に認知された方法やグッド・プラクティスに従い顧客が行う。顧客はスコープ１とスコープ２の排出量を算定する。

EPFIは、顧客に対して、操業期間中に温室効果ガス排出量がCO_2換算で年間10万トンを超えるプロジェクトについて、温室効果ガス排出量（スコープ１とスコープ２の合計）を公開することを求める。また、年間排出量が（CO_2換算で）２万5,000トンを超えるプロジェクトについても、排出量を公表するよう促す。情報開示に関する要求事項は、当局によって報告が定められているもの、環境影響評価、カーボン・ディスクロージャー・プロジェクト（Carbon Disclosure Project）のようにプロジェクト単位での排出量報告を含む自主的な報告メカニズムによるものでも充足可能である。

案件によっては、詳細な代替案分析全体、あるいはプロジェクト単位での排出量の公表が適切ではないこともありうる。

付属書B－エクエーター原則／赤道原則採択金融機関による情報開示要件

EPFIは年１回、下記に詳述する全ての要件に従い情報を開示する。

EP適用件数と実施状況に関する開示

EP適用件数と実施状況に関する開示は、EPFIの責任で行う。情報は同一箇所でアクセス可能なフォーマットで、EPFIのウェブサイト上で開示される。

EPFIはすべてのEP適用件数と実施状況に関する報告について、その対象期間を(開始日、終了日)明記する。

FA業務に関するEP適用件数

EPFIは、報告対象期間にFA業務のマンデートを取得した案件数を開示し、セクター・地域別内訳を表示する。

FA業務のEP適用件数は、プロジェクトファイナンスとPRCLとは別に表示する。FA業務の場合、プロジェクトの多くは初期段階にあって全ての情報が得られないことがあるため、FA業務のEP適用件数開示にはカテゴリー別の内訳と、独立したレビューの実施状況についての情報を除外することができる。

プロジェクトファイナンスとPRCLに関するEP適用件数

EPFIは、報告対象期間中にフィナンシャル・クローズしたプロジェクトファイナンスとPRCLのそれぞれの合計案件数を開示する。

プロジェクトファイナンスとPRCL毎にカテゴリー別の内訳(A、B、C)を示した上で、さらに以下の件数を表示する。

・セクター(鉱業、インフラ、石油・ガス、電力、その他)

- 地域（米州、欧州中東アフリカ、アジア太平洋）
- 指定国か否か（指定国もしくは指定国以外の国）
- 独立したレビューが実施されているか否か

プロジェクトファイナンスとPRCLのデータは別々に表示する。

ブリッジローンに関するEP適用件数

ブリッジローンに関するEP適用件数開示は、その性質上、開示する必要がない。

EPの実施状況に関する報告

EPFIは、以下の内容を含む、EPの実施状況について報告する。

- EP担当部署（Equator Principles Reviewers）の権限（例えば職責と人員）
- 案件レビュープロセスにおけるEP担当部署と営業担当部署、シニアマネジメントの役割
- 信用・リスク管理方針および手続におけるEPの導入状況

EP採択の初年度にEPFIは、行内準備と職員の研修について詳細を報告する。次年度以降もEPFIは必要に応じて職員の継続的な研修について情報を提供する。

プロジェクトファイナンスにおける個別プロジェクトのデータ開示

EPFIはEP協会のウェブサイト上で開示するために、EP協会事務局に個別プロジェクトのデータを直接提出する。

> 個別プロジェクトのデータ開示は以下の条件に従う。
>
> ・フィナンシャル・クローズしたプロジェクトファイナンスのみが対象
> ・顧客同意を取得すること
> ・現地法・規制に則っていること
> ・データ開示により、特定の法域においてEPFIに追加的責務が発生することが一切ないこと
>
> EPFIは、遅くともフィナンシャル・クローズ前の適切と判断する時点において顧客同意を取得する。
>
> EPFIは以下の個別プロジェクトに関するデータを直接、もしくはリンクを張ることで報告する。
>
> ・プロジェクト名（融資契約書上の名称、または一般に認知された名称）
> ・フィナンシャル・クローズした年（暦年）
> ・セクター（鉱業、インフラ、石油・ガス、電力、その他）
> ・所在国名
>
> EPFIによっては、自社の情報開示の一環として個別プロジェクトのデータ開示を企図するところもあるだろうが、これらの情報開示はEPFIの義務ではない。

　EPの原則10は、プロジェクト実施者、EPFIおよびEP協会の情報開示について定めている。

(1) プロジェクト実施者の情報開示

　「原則5：ステークホルダー・エンゲージメント」では影響を受ける地域

社会などに対する環境・社会のリスクと影響に関する情報開示が定められているが、原則10では、プロジェクトの透明性を高めるために全てのカテゴリーＡのプロジェクトと、カテゴリーＢプロジェクトのうち必要とされるプロジェクトについて、環境・社会影響評価書（ESIA）の開示と温室効果ガス（GHG）排出量の公表（年間排出量が10万トン超のプロジェクトのみ）が求められている。

a　ESIAの開示

プロジェクト実施者がインターネットへのアクセス手段を有しない場合を除き、ESIAの少なくとも要約部分を、オンライン上で開示することが求められている。

EPでは、ESIAを公開しなければならない期間は明確に定められてはいないものの、ESIAの作成日を明示したうえで、工事開始前から融資実行期間終了まで開示することが望ましい。なお、米国やオーストラリアなどのように、環境関連省庁のウェブサイトなどでESIAなどのアセスメント文書を公開している国もあり、その開示場所はプロジェクト実施者のウェブサイトに限定されないと考えられている。

また、影響を受ける地域社会が利用できるようにESIAの要約は現地語による公開としているが、作成されている場合には英語版も公開することが望ましい。

b　GHG排出量の公表

プロジェクト実施者は、付属書Ａの要求に従ってGHG排出量の公表を行う。

プロジェクトのGHG排出量がCO_2換算で年間10万トン超（スコープ１＋スコープ２合計）の場合、EPFIは、GHG年間排出量をプロジェクトの操業期間を通して毎年公開するよう、プロジェクト実施者に対し要求する。またEPFIは、GHG年間排出量がCO_2換算で２万5,000トンを超過する場合も、プロジェクト実施者に対してGHG排出量の公表を促すことが求められている。

プロジェクト実施者は、必ずしも自身でGHG排出量を公開する必要はなく、関係省庁など政府機関を経由しての公開でもよい。

　たとえば、米国環境保護庁は、GHG排出量がCO_2換算で年間2万5,000トン以上の設備に対して当局への報告義務を定め、集計データを当局ウェブサイト上で公表している（Greenhouse Gas Reporting Program（GHGRP：http://www2.epa.gov/ghgreporting参照））。

　プロジェクト単位での排出量の公表が適切でない例として、公開により、プロジェクト実施者が企業秘密とする技術情報が推測されうる場合などがあげられる。

(2) EPFIの情報開示

　EPFIは、原則10および付属書Bに基づき、自らのウェブサイト上でEP適用件数とEPの実施状況を開示する。開示の際には報告対象期間を明示し、少なくとも年に一度開示する必要がある。

a　EP適用件数

　EP適用件数の開示要件は以下のとおり。

① プロジェクトファイナンス・アドバイザリーサービス

　報告対象期間にFA業務のマンデートを取得した案件数を、セクター・地域の内訳を表示したうえで開示する。

② プロジェクトファイナンスおよびプロジェクト紐付きコーポレートローン

　報告対象期間にフィナンシャル・クローズした案件の合計数を開示する。またその際には、カテゴリー別の内訳（A・B・C）を示したうえで、以下の件数を表示する。参考例を図表2－26に示す。

・セクター（鉱業、インフラ、石油・ガス、電力、その他）
・地域（米州、欧州中東アフリカ、アジア太平洋）
・「指定国」か「指定国以外の国」か
・独立したレビューが実施されているか否か

　プロジェクトファイナンスとPRCLの適用件数は別々に表示する。

図表2−26 プロジェクトファイナンス案件数の開示事例（本表は事例であり、形式は規定されていない）

[プロジェクトファイナンス]
2014年1月1日から2014年12月31日までにフィナンシャル・クローズしたプロジェクトファイナンス案件は以下のとおり。

	カテゴリー別合計		
	カテゴリーA	カテゴリーB	カテゴリーC
	13	17	5
	内訳の詳細		
業種別	カテゴリーA	カテゴリーB	カテゴリーC
鉱業	1	2	−
インフラ	5	8	1
石油・ガス	3	5	−
電力	4	1	−
その他	−	1	4
地域別	カテゴリーA	カテゴリーB	カテゴリーC
米州	3	5	4
欧州・中東・アフリカ	7	8	1
アジア・太平洋	3	4	−
指定国・指定国以外の国	カテゴリーA	カテゴリーB	カテゴリーC
指定国	4	7	5
指定国以外の国	9	10	−
独立したレビューの有無	カテゴリーA	カテゴリーB	カテゴリーC
あり	13	15	−
なし	−	2	5

③ ブリッジローン

　ブリッジローンのEP適用件数は、開示は不要とされている。

b　EPの実施状況

EPFIは、EPの実施状況について、以下の内容を含む開示をする。
①　EPの担当部署の権限（たとえば職責や人員構成）
②　案件の評価プロセスにおけるEP担当部署と営業担当部署、およびシニアマネジメント（経営層）の役割
③　信用・リスク管理方針および手続におけるEPの導入状況

(3)　EP協会の情報開示

　EP協会は、EPFIからの報告に基づき、プロジェクトファイナンスの個別プロジェクトに係る情報を同協会ウェブサイト上で開示する。EPFIは、EP協会に必要な情報を報告する。

　EP協会がウェブサイトで個別プロジェクト名を公開することについて、EPFIはフィナンシャル・クローズ前にプロジェクト実施者から同意を取得する。同意取得の方法は、明確に規定されてはいない。EPFIがシンジケートローンの主幹事行を務める場合には、主幹事行が他の参加EPFI分も取りまとめて、文書にて顧客（プロジェクト実施者）の同意取得を代行する場合もある。

　また、EPFIのなかには、自社ウェブサイト上やIR文書上に、プロジェクト名等の個別データ開示を行っているところもあるが、これは各EPFIの情報開示ポリシーに基づくものであり、EPの要求事項ではない。

図表2-27　EP担当部署および案件の評価プロセスの開示事例（三井住友銀行）

［体制およびリスク評価プロセス］
国際環境室は、当行が融資を検討する全世界の大規模開発プロジェクトの環境・社会のリスク評価を行っています。評価プロセスは、以下のとおりです。
① 環境スクリーニング
大規模なプロジェクト向け融資の営業を担当する部署は、案件を取り上げる前に「環境スクリーニングフォーム」を国際環境室に提出します。環境スクリーニングフォームは、対象プロジェクトが環境・社会に与える影響度合いを把握するためのチェックリストで、国際環境室は環境スクリーニングフォームや関連情報に基づいて、対象プロジェクトを以下のいずれかのカテゴリーに分類します。

カテゴリー	定義
カテゴリーA	環境・社会に対して重大な負の潜在的リスク、または、影響を及ぼす可能性があり、そのリスクと影響が多様、回復不能、または前例がないプロジェクト
カテゴリーB	環境・社会に対して限定的な負の潜在的リスク、または、影響を及ぼす可能性があり、そのリスクと影響の発生件数が少なく、概してその立場に限定され、多くの場合は回復可能であり、かつ、緩和策によって容易に対処可能なプロジェクト
カテゴリーC	環境・社会に対しての負のリスク、または、影響が最小限、またはまったくないプロジェクト

② 環境レビュー
国際環境室は、対象プロジェクトが、カテゴリーに応じて求められるエクエーター原則の要求事項を満たしているかの確認を行い、必要に応じて現地調査を実施します。また、途上国で実施されるカテゴリーAまたはBに分類されたプロジェクトでは、独自の業種別チェックリストに基づいた評価を行い、環境レビューシートを作成します。評価結果を反映した環境スクリーニングフォームおよび環境レビューシートは、営業担当部署から審査部に送られ、案件採り上げ判断の重要な一要素となります。
③ 環境モニタリング
環境スクリーニングおよび環境レビューの結果に基づいて、環境社会配慮に関する誓約事項を、借入人が遵守するべき事項として融資契約書に盛り込むことになります。国際環境室は、営業担当部署と協力して借入人の遵守状況を定期的に確認し、プロジェクトの環境・社会への配慮を継続的に確保するよう努めています。

[当行の環境社会リスク評価フローチャート]

figure: お客さま ⇔ 営業担当部署 ⇔ 国際環境室、審査部との間で、プロジェクト情報、環境・社会条項遵守（環境モニタリング）、環境スクリーニング、環境レビュー、環境モニタリングのやり取りを示すフローチャート

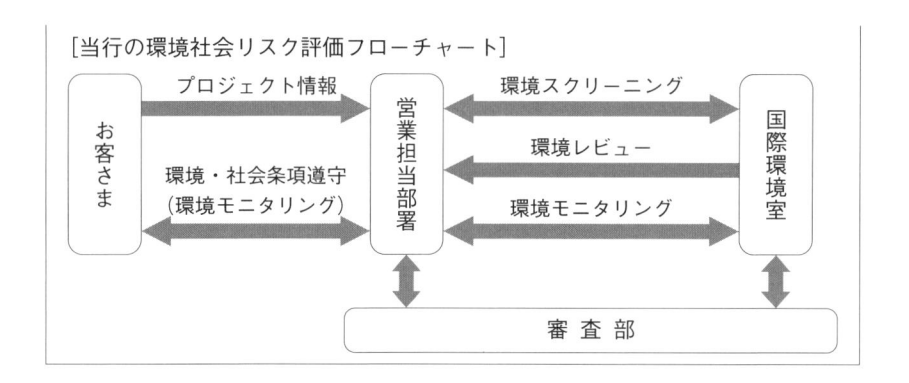

図表2－28　案件の評価プロセスの開示事例（独自開発ツールの開示）（みずほ銀行）

[独自開発ツールの活用]
エクエーター原則は、現地国の法規制を遵守することを求めるほか、国際金融公社（IFC）のパフォーマンススタンダードと世界銀行グループEHS（環境・衛生・安全）ガイドラインを参照しています。IFCパフォーマンススタンダードは、プロジェクト実施者であるお客さまによる環境・社会リスクマネジメント体制の整備や、生物多様性・少数民族・文化遺産などへの配慮について規定した8つのテーマからなる基準です。一方、EHSガイドラインは、全てのセクターに共通する一般EHSガイドラインと、62の産業別EHSガイドラインから構成される技術的指針です。みずほ銀行は、石油・ガス開発や火力発電などビジネス上利用が見込まれる35セクターについて、これらの基準や指針に基づく環境・社会レビューを網羅的かつ迅速に実施できるように、独自の「産業別環境・社会チェックリスト」を作成しています。そのなかにはバイオエタノールなど、産業別EHSガイドラインにないみずほ銀行オリジナルのセクターも含まれています。

IFCパフォーマンススタンダードやIFC EHS（環境・衛生・安全）ガイドラインは、専門性が高く、その記述内容は詳細にわたるため、これらを銀行実務に適用する場合にはフォーマット化されたチェックリストの活用が非常に有効な手段となります。また、「産業別環境・社会チェックリスト」は、行内でのチェックだけでなく、お客さまに確認事項を事前提示する場合や、銀行側環境コンサルタント会社に評価書の作成を依頼する場合にも活用されています。

みずほ銀行は、オフショア石油・ガス開発、鉱業および火力発電のための環境・社会チェックリストの一部を、ステークホルダーのみなさまへの参考資料として公開しています。

・産業別環境・社会チェックリスト（オフショア石油・ガス開発）（英文）
（PDF／270KB）
・産業別環境・社会チェックリスト（鉱業）（英文）（PDF／281KB）
・産業別環境・社会チェックリスト（火力発電）（英文）（PDF／269KB）

図表2－29　EPに関する研修の開示事例（三菱UFJフィナンシャル・グループ／三菱東京UFJ銀行）

［研修の実施］
従業員の環境社会配慮に対する理解を深め、赤道原則の考え方や手続を浸透させることを目的として、定期的に研修を実施しています。
この研修は、国内外のプロジェクトファイナンスやCSR、企画、審査や大企業取引の担当者を対象に実施し、それ以外の従業員についても環境社会配慮に対する理解が深まるように、社内広報等を通じて全社的な浸透を図っています。また、お客さま等への研修も随時実施しています。

【研修の様子】

コラム 7

「温室効果ガス」をめぐる国際的な動向

　いま世界における気候変動問題との関連で話題になっているのが、温室効果ガス（"Greenhouse" Gas、以下「GHG」）である。

　GHGは二酸化炭素（CO_2）、メタン（CH_4）、一酸化二窒素（N_2O）、フロンガス（HFCs、PFCs、SF_6、NF_3）などの気体で、赤外線を吸収・放出する性質があるといわれている。GHGが太陽光（赤外線）による熱を大気中に蓄積し、地球の表面付近の大気を暖めているとの指摘がある。これを「温室効果」と呼び、いわゆる「地球温暖化」や地球規模での気候変動との関連性が指摘されている。

　GHGをめぐる国際的な動向については、「気候変動に関する政府間パネル（Intergovernmental Panel on Climate Change、以下「IPCC」）」と「気候変動枠組条約締約国会議（Conference of the Parties、以下「COP」）」という、2つのキーワードが軸になる。

(1) 気候変動に関する政府間パネル

　国際社会が地球規模での気候変動問題を共通の課題として認識し、本格的な取組みを開始したのは、1990年にIPCCが発行した第1次評価報告書（First Assessment Report 1990）以降である。

　IPCCは「人為起源による気候変化、影響、適応及び緩和方策に関し、科学的、技術的、社会経済学的な見地から包括的な評価を行う（気象庁ウェブサイトより引用）」ことを目的として、世界気象機関とUNEPの協力によって1988年に設立されたパネル（協議体）である。

　IPCCには数千人の科学者が参加しているといわれ、3つの作業部会と1つのタスクフォースが、GHGと気候変動の因果関係を支配するメカニズムの解明や、気候変動がもたらす自然環境や社会経済への影響、およびGHG排出量削減につながる対策等についての最新の研究成果や、観測データなどを、分析・評価して報告書にまとめている。

　第5次評価報告書は、2013年から2014年にかけて各部会から公表された。

　気候システムおよび気候変動の自然科学的根拠についての評価を行っている第一作業部会の報告書（2013年9月発表）は、さまざまな観測事実を示したうえで、南極を除く全ての大陸域において、20世紀半ば以降の地上気温の上昇に

人為起源強制力がかなり寄与していた可能性が高いと指摘し、大気中のCO_2濃度の増加が地球温暖化をもたらしている最大の原因であることについては疑う余地がないとの見解を示している。

　また、GHGの排出削減など、気候変動の緩和策の評価を行っている第三作業部会の報告書（2014年4月発表）では、GHGの排出削減（緩和）シナリオに関する科学的な知見の評価・分析を行っており、地球上の平均気温の上昇を産業革命前に比べて摂氏2度未満に抑えられる可能性が高いシナリオ（2100年時点の温室効果ガス濃度をCO_2換算で約450ppmと仮定）を提示している。

　その目標を達成するためには、2050年の世界のGHG排出量を2010年比で40～70％削減するとの中間目標に加えて、2100年のGHG排出量を2010年との比較で同程度またはマイナスとなるまで削減する必要があるとしている。そして、2030年までに地球規模での影響緩和対策に各国が取り組まない場合、2100年時点の気温上昇を2度未満に抑えるための選択肢はきわめて乏しくなると警告している。

　1990年に発表されたIPCC第1次評価報告書は、国際社会が気候変動問題に注目するきっかけとなり、その後のGHG排出量削減に向け国家の枠組みを超えた国際的な取組みの流れを生み出した。

　IPCC第1次評価報告書の発表後に、大気中のCO_2濃度を安定化させる取組みをめぐる国際的な議論が活発化し、1992年5月にリオデジャネイロで開催された「地球サミット」において、国際協力の枠組みとして「国連気候変動枠組条約（United Nations Framework Convention on Climate Change、以下「UNFCCC」）」が採択されるに至った。

(2) 気候変動枠組条約締約国会議

　1994年にUNFCCCが国際条約として発効したことを受けて開催されたのが、気候変動枠組条約締約国会議、通称COPである。1995年3月に、第1回ベルリン会合（COP1）が開催され、先進国にGHG削減数値目標を課す内容の協定書の締結を目指すという基本方針が決定された。

　この決定から2年後の1997年に京都で開催されたCOP3では、2008年から2012年までの5年間における先進国のGHG排出削減の数値目標など、画期的な内容を織り込んだ「京都議定書」が採択された。

　しかしながら、京都議定書には最大のGHG排出国であった米国が最終的には参加しなかったことに加え、急速に工業化を進めていた中国やインドなどの新興国や発展途上国には削減目標が課せられなかったことから、GHG排出削

減の対象が世界全体のGHG排出量の約4分の1程度にとどまる結果となり、当初から国際協力の枠組みとしては不十分と指摘された。

この後、2010年のCOP16において新興国や途上国にも先進国と同様にGHG削減目標を明確化するとした「カンクン合意」が採択されたことで、気候変動問題に取り組む国際協調の体制が再び動き出すことになった。

翌2011年のCOP17では、「京都議定書」にかわる国際的な枠組みを検討する「ダーバン・プラットフォーム」特別作業部会が立ち上げられ、2015年開催のパリCOP21において全世界の国が参加するGHG削減の枠組みを策定し、2020年から発効させるという中長期の基本計画が合意された。

2015年11月30日から12月13日まで、フランスのパリでCOP21が開催された。

会期中、GHG排出量削減目標の義務化に関して先進国間での見解の相違が明らかとなり、また気候変動対策の費用負担について先進国と途上国が対立する局面もみられたが、最終的には全会一致で「パリ協定」が採択され、京都議定書に続く新たな気候変動対策の枠組みが誕生した。

「パリ協定」では、2030年までに地球上の平均気温の上昇を産業革命前と比べて2度未満に抑制すること、また努力目標として1.5度以内に抑えることを明示し、さらに21世紀後半には世界全体で人為起源のGHG排出ゼロ社会を目指すと宣言したこと等が大きな話題となった。

GHG排出量削減目標に関しては、各国の達成を義務化することが見送られたため、実効性の点で不十分との見方もあるが、批准手続を経て協定が発効すると、各国が5年ごとにGHG削減の進捗状況を報告し、全体の達成状況に応じて目標を見直し、さらには評価を受けるというプロセスに拘束力が及ぶこととなる。

京都議定書が先進国の一部による先導的な取組みであったのに対して、米国や中国などの主要排出国や先進国と発展途上国を含めた全ての締約国が、自主的な努力目標を掲げ、世界規模でのGHG排出量削減を目指す仕組みが整えられた点で、「パリ協定」は大いなる前進と評価されている。

パリ協定合意により、「2度未満」目標を達成するための第一歩が踏み出された。

今後、環境整備や具体的な実行計画の策定と着実な実施などへの真摯な取組みが、各国に期待されている。

（三菱東京UFJ銀行　片倉　寧史）

第3章

銀行におけるEP関連実務

1 実施体制

(1) EP担当部署の設置

　EP採択金融機関（EPFI）は、融資するプロジェクトが周辺自然環境、地域社会に対して適切に配慮していることをEPに則って確認する。また、「原則10：情報開示と透明性」、付属書Bに従ってEPの実施状況等を開示することになっている。そのため多くのEPFIは、EPを確実に運営・管理し、かつ開示義務を満たすために、専門の担当部署を設置している。

　邦銀三行の場合、みずほ銀行と三菱東京UFJ銀行はプロジェクトファイナンスの営業を担当する部署内に「グローバル環境室」と「プロジェクト環境室」を、三井住友銀行は与信審査・管理を担当する部内に「国際環境室」をそれぞれ設置している。なお海外のEPFIのなかには、EP担当部署をCSR担当部のなかに置いているケースや、マネジメント直下に独立した環境・社会リスク管理部が置かれ、そこでEP関連業務を担当するケースもある。

　上記のように、邦銀三行の場合、EP担当部署の設置場所は、各行で営業担当の部内、与信審査・管理担当の部内と体制が異なるが、EP担当部署が、プロジェクトがEPを遵守していることを判断する独立した権限をもっているという点で共通している。前章でも説明したように、EPは前文のなかで、EPFIはEPを遵守しない、あるいは遵守できないプロジェクトに対しては融資しないことを明示している。そのコミットメントを確実に遂行するためには、プロジェクトがEPを遵守しているのか、あるいは遵守していないのかを客観的に判断する、独立性を保った権限者の存在が必要であると考えるためだ。

　また、邦銀三行のEP担当部署の役割は、プロジェクトの環境・社会リスクがEPの求める基準の範囲内に収まっているのか、すなわち、プロジェクトがEPを遵守しているのかを判定することだけではない。プロジェクトが

包含する環境・社会に対するリスクと影響の所在と内容を明らかにしたうえで、プロジェクト実施者に対してプロジェクトがEPを遵守するためには何が必要か、何をしなければならないのか、といった助言を行う。つまり、プロジェクトがEPを遵守するようにサポートすることが重要な業務の1つとなっている。

(2) 行内手続整備

　各EPFIは、EPに基づいた独自の環境・社会リスク管理の銀行内手続や規定を制定してEPを運用している。手続や規定を制定するため、EP担当部署は銀行内の企画関係の各部署と緊密に連携している。銀行によっては企画部にも融資業務、事務業務、リスク管理業務、営業推進などさまざまな企画部が存在する。EP関連の手続制定にあたっては、それら企画セクションとの連携、および承認が必要となる。周辺事務手続の改定を伴うこともあり、場合によってはITシステムの改定も必要になる。

(3) 行内手続の周知徹底

　手続が整備された後には、内部向けにEP適用に関する手続の周知徹底が必要である。EPは、2013年の第2回改訂によってプロジェクトファイナンスに加えて、特定のプロジェクトに紐づくコーポレートローンも対象とすることになった。国内、国外を問わず、全ての営業部店が担当するプロジェクトがEP適用対象となる可能性がある。そのため営業統括、営業企画、審査部門とも連携し、EPに基づく環境・社会リスク管理を確実に実施する体制づくりが必要となる。EP担当部署は営業部店に対し、勉強会等を通じて環境・社会リスク管理の重要性、必要性を説き、EPに関する手続を周知徹底する。その一環として環境や社会配慮に関する最新情報をニュースレター方式で展開することなどもしている。

　経営陣への説明も必要である。EPの採択は、銀行全体の環境・社会への取組みに変化をもたらすことになるので、経営陣もEPについて十分理解する必要がある。そのためにはEP採択時はもちろん、EP改訂時にも、それぞ

れ行内手続の制定や改定、業務への影響についてそのつど経営陣に対して説明し、場合によっては経営会議等で承認を得ることが必要になる。EPは銀行全体で取り組むべきものであり、EP担当部署はさまざまな面で行内の関連部署と連携する必要がある。

(4) ステークホルダーへの対応

EPの運営・管理に関して、NGOなどの外部ステークホルダーから意見を受け付けることがある。場合によっては、それは銀行が融資する個別プロジェクトに関する苦情であることもある。内容は、プロジェクトによって自然環境が破壊される、周辺住民の生活に悪影響を及ぼす、住民移転などによって人権侵害などの問題が発生している、などさまざまである。こうした外部からの苦情や意見に対して、EP担当部署はCSR担当部署や広報部など対外関係関連部署と連携して対応する。

(5) EPに係る情報開示

EPFIはEP「原則10：情報開示と透明性」に従い、年に一度、報告対象期間における「EP適用件数と実施状況」を自社のウェブサイト上に開示する[*]。具体的な開示方法については第2章⑭「【原則10】情報開示と透明性」を参照されたい。

(6) 第三者保証の取得

EPは民間金融機関が中心となって自主的に採択する環境・社会影響への配慮に関するガイドラインないしはフレームワークであり、法規制ではない。そのためEPFIがEPを遵守していなくても、公的に処罰されることはない。

(*) 邦銀三行は以下のウェブサイト上で開示している。
http://www.mizuho-fg.co.jp/csr/environment/equator/principles.html
http://www.mufg.jp/csr/juten/sustainability/sekidou/
http://www.smbc.co.jp/aboutus/responsibility/environment/equator/

また、EP協会は金融機関のみで構成されている任意団体である。EP協会内に監査機能は存在せず、また当然ながら、EPの遵守状況をEPFI同士でクロスチェックすることも想定していない。銀行によってはEPに係るプロセスを内部監査の対象としているところもあるが、それはあくまでも銀行内部の手続にとどまる。こうしたことから、EP協会の内部のみならず、外部のNGO等からも、EPFIのEP運用にかかわる情報開示内容について信頼性と透明性を確保するため、外部監査の必要性が提言されている。

　そこで登場するのが第三者保証である。第三者保証とは名前のとおり第三者、すなわち監査法人等外部機関からEPに係る業務について、信頼性についての保証（品質保証のようなもの）を取得することである。具体的には、EPFIが公表している内容（EP付属書Bに定められているEPを適用した件数）について保証を受ける。EP協会は、2011年6月に「第三者保証取得推進タスクフォース（Assurance Task Force）」を立ち上げ、EPFIによる第三者保証の取得について検討している。現在第三者保証を取得しているEPFIはまだ15行程度にとどまっているが、今後増えていくものとみられる。邦銀は三行とも第三者保証を取得ずみである。邦銀で初めて取得したのはみずほ銀行で、2011年度（2011年4月から2012年3月）の開示情報から第三者保証を取得している。次いで三菱東京UFJ銀行も2012年度（2012年4月から2013年3月）に、三井住友銀行は2014年（2014年1月から2014年12月）の開示情報に関し、それぞれ第三者保証を取得し、EPに関するウェブサイト上に掲載している。

(7)　CSR／広報活動

　EPは、金融機関にとって、金融という本業を通じて環境への配慮や社会的責任を果たす枠組みである。多くのEPFIは、EPを自社のCSRへの取組みの柱の1つと位置づけており、各EPFIはウェブサイトやCSRレポートなどを通じて対外的にEPへの取組みをアピールしている。

　EPの採択、EPの改訂、EP協会運営委員会への加入や議長行への就任等は、銀行自身の環境・社会への取組みに変化をもたらすものであり、EP担当部署は、銀行が出すニュースリリース等について広報部と連携している。

2 実施手続

　EP担当部署は、銀行が融資を検討する際に、そのプロジェクトの実施者がきちんと環境・社会に配慮していることを、EPを基準にして確認する。これを環境・社会デューデリジェンスと呼ぶ。

　われわれ邦銀三行の場合、EPに基づくプロジェクト実施者の環境・社会配慮の実施状況についての確認手順はほぼ同じプロセスをたどる。営業担当部署があげてくる案件について、審査部とは別に、EP担当部署（グローバル環境室、プロジェクト環境室、国際環境室）が環境・社会リスクについてEPに則ったデューデリジェンスを実施するのが基本である。各行ともそれぞれ以下のウェブサイト上でEPにかかわるフロー図を公開している[*]。

図表3－1　みずほ銀行における環境・社会リスク評価フロー

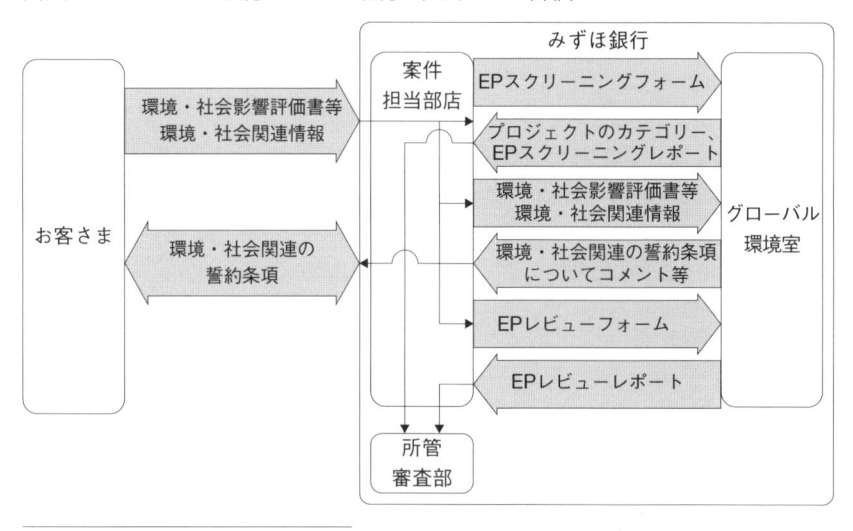

（*）　http://www.mizuho-fg.co.jp/csr/environment/equator/principles.html
　　　http://www.mufg.jp/csr/juten/sustainability/sekidou/
　　　http://www.smbc.co.jp/aboutus/responsibility/environment/equator/

図表3-2 三菱東京UFJ銀行における環境・社会リスク評価フロー

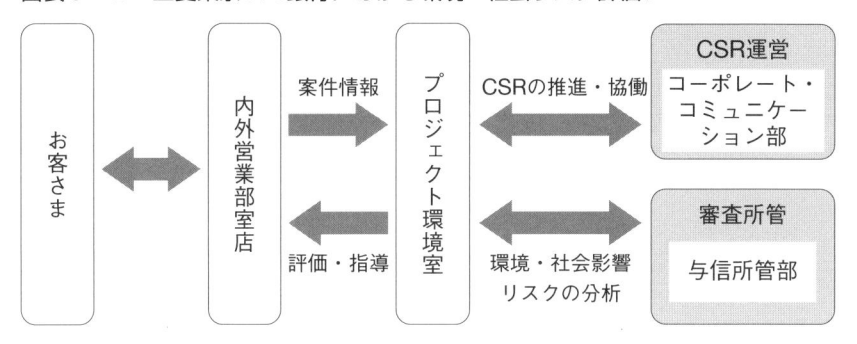

お客さま ⇔ 内外営業部室店 —案件情報→ プロジェクト環境室 ←CSRの推進・協働→ 【CSR運営】コーポレート・コミュニケーション部
内外営業部室店 ←評価・指導— プロジェクト環境室 ←環境・社会影響リスクの分析→ 【審査所管】与信所管部

図表3-3 三井住友銀行における環境・社会リスク評価フロー

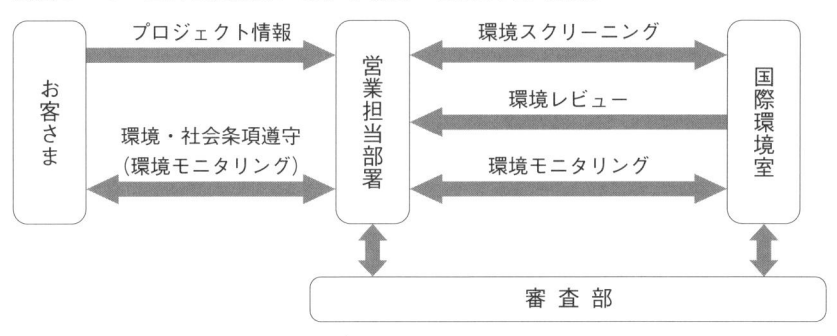

お客さま —プロジェクト情報→ 営業担当部署 ←環境スクリーニング→ 国際環境室
営業担当部署 ←環境レビュー— 国際環境室
お客さま ←環境・社会条項遵守(環境モニタリング)→ 営業担当部署 ←環境モニタリング→ 国際環境室
営業担当部署 ⇔ 審査部

(1) 網羅性の確保

　環境・社会デューデリジェンスを実施するためには、まずはEP対象案件がEP担当部署にあがってこなければならない。では、EP対象商品となる4つの金融商品、すなわちプロジェクトファイナンス・アドバイザリーサービス（FA業務）、プロジェクトファイナンス、プロジェクト紐付きコーポレートローンおよびブリッジローンはどのようにして各営業部店でEP対象として抽出され、EP担当部署に送られてくるのだろうか。EPに基づく環境・社会デューデリジェンスを実施すべき案件が、もれてしまうことをどのように防いでいるのだろうか。

① FA業務とプロジェクトファイナンス

　FA業務とプロジェクトファイナンスの場合、プロジェクト総額が1,000万米ドル以上の案件全てがEP適用対象となる。現状、プロジェクトファイナンスの世界でプロジェクト総額が1,000万米ドル未満というものは考えにくく、事実上、全てのFA業務とプロジェクトファイナンス案件がEP対象となる。

　多くのEPFIは、EPに基づく環境・社会デューデリジェンスのもれを防ぐために、EP担当部署の承認なしでは融資できない仕組み、手続を制定している。他にも、ヒューマンエラーを排除し、網羅性を確保するためにさまざまな工夫をしている。たとえば、FA業務とプロジェクトファイナンスは、プロジェクトファイナンスという金融手法の特殊性から専門営業部署（プロジェクトファイナンス営業部、ストラクチャードファイナンス部等）が担当することになるので、EP担当部署は各地域のプロジェクトファイナンスを推進する部署の案件リストを取り寄せ、内容を確認し、EPに基づく環境・社会デューデリジェンスのもれがないことを定期的に確認することができる。FA業務は業務終了まで、プロジェクトファイナンスは融資契約の調印まで時間を要することが多いので、案件リストを定期的にチェックすることでEP対象案件を把握することができる。または、システム上で案件確認ツール等を開発して定期的に運用することにより、網羅性を確保する銀行もある。

　いずれにせよ、FA業務とプロジェクトファイナンスの場合、①事実上全案件がEPの対象で、しかも、②取扱部署が限られ、③案件数も限られている、ため全案件をEP担当部署が把握する、つまりEP対象案件の管理上の網羅性の確保は比較的容易と考えてよいだろう。

② プロジェクト紐付きコーポレートローンとブリッジローン

　プロジェクト紐付きコーポレートローンとブリッジローンの場合、網羅性の確保のための管理はより複雑になる。コーポレートローンは、全世界の全営業部店が取り扱う。そのうちEPに基づく環境・社会デューデリジェンスの対象となる案件は、ごく一部の案件に限られる。その点で実質的に全案件

が対象となるFA業務とプロジェクトファイナンスとは異なる。

　EP対象案件を網羅的かつ効率的に管理するための手法は、各EPFIの内部管理体制によってはさまざまであるが、環境・社会デューデリジェンスがもれることはその銀行のレピュテーションリスクにもつながるため、各行とも慎重に取り組んでいる。

(2) 環境・社会デューデリジェンス

a　EPスクリーニング

　EP対象案件を抽出した次はその案件の環境・社会デューデリジェンスを実施する。その実施方法として、多くの銀行は営業担当者、またはプロジェクト実施者に対し「EPスクリーニングフォーム」（銀行によって名前は異なる）の提出を求めている。この「EPスクリーニングフォーム」は、プロジェクトの基礎情報や環境・社会影響などの概要を把握するための簡易チェックシートという位置づけである。質問事項としては、プロジェクトの環境・社会影響評価書（ESIA）の有無、大規模な住民移転や森林伐採の有無、温室効果ガス排出量の概算などが含まれる。EP担当部署は、これらの情報を環境・社会デューデリジェンスの入口情報として、この後のカテゴリー付与の際の参考にする。

スクリーニングフォーム（例）

プロジェクト名	
事業実施主体名又は投資先企業名	
借入人名	

記入者のお名前、所属・役職名、団体名（会社名）、連絡先を記入して下さい。

お名前	
所属・役職名	
団体名	
TEL	
Email	
記入日	
署名（電子ファイルで提出の場合は不要です）	

▶フォームの代替について：本スクリーニングフォームに代わり、輸出信用機関（ECA）に提出したスクリーニングフォーム利用をご希望される場合は以下のボックスをマークしてください。

□本フォームを提出する代わりに、ECAに提出したスクリーニングフォーム提出を希望する
　（提出先：　　　　　　　　　　　　　）

質問事項

質問1　プロジェクトの融資形態は、以下のどれに該当しますか。
　　　　☐プロジェクトファイナンス（プロファイ）────────┐
　　　　☐プロジェクトファイナンスのアドバイザリー（FA）業務 ├▶質問2へ
　　　　☐プロジェクト紐付きコーポレートローン（PRCL）────▶質問3へ
　　　　・総借入額の50％が単独のプロジェクトに向けられ、借入人がそのプロジェクトに対する実質的な支配権を有している
　　　　・融資期間が2年以上
　　　　☐ブリッジローン────▶プロファイに乗換え予定の場合は質問2へ
　　　　　　　　　　　　　　▶PRCLに乗換え予定の場合は質問3へ
　　　　・融資期間が2年未満
　　　　⇒上記に当てはまらない場合、本スクリーニングフォームをご提出頂く必要はありません。

質問2　（プロジェクトファイナンス、FA業務またはプロファイに乗換え予定のブリッジローンの場合にお答え下さい）
　　　　プロジェクトの総コストは10百万米ドル（相当）以上ですか。
　　　　プロジェクト総額：＿＿＿＿＿＿＿＿百万米ドル（相当）
　　　　☐はい　　　　　　　　☐いいえ
　　　　⇒「いいえ」の場合、本スクリーニングフォームをご提出頂く必要はありません。

質問3　（PRCL、PRCLに乗換え予定のブリッジローンの場合にお答え下さい）
　　　　総借入額は100百万米ドル（相当）以上、且つ弊行コミット額は50百万米ドル以上ですか。
　　　　総借入額：＿＿＿＿＿＿＿＿百万米ドル（相当）
　　　　☐はい　　　　　　　　☐いいえ

　　　　弊行融資額：＿＿＿＿＿＿＿＿百万米ドル（相当）
　　　　☐はい　　　　　　　　☐いいえ
　　　　⇒「いいえ」の場合、本スクリーニングフォームをご提出頂く必要はありません。

質問4　ご検討中のプロジェクトは新規プロジェクトですか。あるいは既存プロジェクトの拡張または改修（注）で、それに伴って事業の規模や性質

の変更が追加的な環境社会影響を発生させる、または既存の環境社会影響の性質や程度を変化させることが見込まれますか。
(注) 稼働中設備へのリファイナンスのように既存ファイナンス（当行貸出に限らない）のリファイナンスで、既存設備の拡張または改修を伴わず、事業の規模や性質に一切の変更が無い場合、または設備資金が既存施設の維持または保全のみを目的とする場合は赤道原則に基づく環境社会配慮確認の対象外であり、本スクリーニングフォームをご提出頂く必要はありません。

☐新規プロジェクト
☐既存プロジェクトの拡張または改修（新たに環境社会影響をもたらす、あるいは既存の環境社会影響の性質や程度を変化させることが見込まれるもの）
☐既存プロジェクトの維持または保全（上記変化が見込まれないもの）

質問5　プロジェクトサイトの住所及び現況を記入して下さい。
国名：
住所：

現況：

質問6　プロジェクトの内容（プロジェクトの目的、スコープ、生産能力（発電量等）、開発面積、主要設備の概要、労働者数（工事中・操業中）等）について記入して下さい。**他資料による代替も可能です。**またプロジェクトサイトから最寄りの住民の居住地域（村落等）までの距離（km）もご記入下さい。

質問7　プロジェクトは現地住民やNGO等より強い苦情等を受けていますか、あるいは受けたことがありますか？本案件に関するメディア報道（新聞、インターネット等）はありますか。
現地住民やNGOからの苦情等：　　☐なし　　　☐あり
本案件に関するメディア報道：　　　☐なし　　　☐あり

苦情または報道ありの場合、その内容及び経緯等について記載して下さい。

_____
_____
_____
_____
_____

質問8　プロジェクトに関して、環境アセスメント（EIA、EIS等）は制度上必要ですか。
　　　□必要　→　右記より選択　　　□実施済み　　　□実施中・計画中
　　　□不要　→　質問12以下にお答え下さい。

質問9　（環境アセスメントを既に実施されている場合のみお答え下さい）
　　　プロジェクトは環境アセスメント制度に基づき審査・承認を受けていますか？既に承認されている場合、承認年月、承認機関及び附帯条件の内容について記載して下さい。
　　　□承認済み（附帯条件なし）　　□承認済み（附帯条件あり）
　　　□審査中　　　　　　　　　　　その他（　　　　　　　　　　　　）
　　　承認年月：_____
　　　承認機関：_____
　　　附帯条件：_____
　　　　　　　　_____

質問10　環境アセスメント報告書（またはその概要版）を掲載できる当社ウェブサイトはありますか。
　　　□はい　　　　　　　□いいえ
　　　「いいえ」の場合、環境アセスメント報告書の公開に係る代替方法について記載して下さい。
　　　_____
　　　_____

質問11　プロジェクトに関し、パブリックコンサルテーション（住民説明会、公聴会等）は制度上必要ですか。
　　　□必要　　　　　　　□不要

質問12　プロジェクトに関する情報（プロジェクトの目的、プロジェクトの概要、プロジェクトによる環境影響等）は地域住民等に公開されていま

か。また、説明されていますか。
〈情報公開〉
□はい　　□いいえ（公開予定：　あり（　　　　　頃）、　　なし）
〈住民への説明〉
□はい　　□いいえ（説明予定：　あり（　　　　　頃）、　　なし）
「はい」の場合、地域住民等への情報公開の内容、説明状況（回数、時期、実施場所、参加者、説明内容、被影響住民等のコンセンサスの取得状況、その他）について記載して下さい。また、反対・態度保留等があった場合はその内容（理由、条件等）とそれに対するプロジェクトの対応状況を記載して下さい。

_____
_____
_____
_____
_____

質問13　質問10、11及び12でお尋ねした環境影響評価（EIA、EIS等）以外に環境に関する許認可取得が必要ですか。
□必要　→　□右記より選択　　□取得済み　　□取得が必要だが未取得
□不要
□その他（　　　　　　　　　　　　　　　）
上記で「必要」をチェックされた場合、その許認可名を以下に記載して下さい。また、当該許認可を既に取得されている場合、承認年月、承認機関も記載して下さい。
許認可名：_____
承認年月：_____
承認機関：_____

質問14　プロジェクトサイト内または周辺域に以下に示す地域がありますか。
□国立公園、国指定の保護対象地域（国指定の海岸地域、湿地、少数民族・先住民族のための地域、文化遺産等）
□原生林、熱帯の自然林
□生態学的に重要な生息地（珊瑚礁、マングローブ湿地、干潟等）
□国内法、国際条約等において保護が必要とされる貴重種の生息地（風力発電プロジェクトサイトが渡り鳥の飛行経路を含み、そこを飛ぶ渡り鳥が貴重種の場合を含む）
　→貴重種名をご記入下さい。（　　　　　　　　　　　　　　　　　）
□大規模な塩類集積あるいは土壌浸食の発生する恐れのある地域

　　　　　□砂漠化傾向の著しい地域
　　　　　□考古学的、歴史的、文化的に固有の価値を有する地域
　　　　　　→内容を具体的にご記入下さい。(　　　　　　　　　　　　)
　　　　　□少数民族あるいは先住民族、伝統的な生活様式を持つ遊牧民の人々の
　　　　　　生活区域、もしくは特別な社会的価値のある地域
　　　　　□上記のいずれにも該当しない

質問15　プロジェクトにおいて以下が予定されていますか。
　　　　　□非自発的住民移転または生計手段喪失に繋がる土地収用等（注）
　　　　　　（被影響者：＿＿＿＿＿＿＿人）
　　　　　　（注）以下に記載の場合等を含む。
　　　　　　　①　農地収用がサイトで農業を営む農民の生計手段喪失に繋がる場合
　　　　　　　②　漁民がプロジェクトにより漁場を喪失する場合
　　　　　□地下水揚水　　　　　　　（規模：＿＿＿＿＿＿＿＿＿m³/年）
　　　　　□埋立、土地造成、開墾　　（規模：＿＿＿＿＿＿＿＿＿ha）
　　　　　□森林伐採　　　　　　　　（規模：＿＿＿＿＿＿＿＿＿ha）
　　　　　□有毒・有害物質の使用・排出
　　　　　　（物質名＿＿＿＿＿＿＿＿　処理方法＿＿＿＿＿＿＿＿）
　　　　　□上記のいずれにも該当しない

質問16　プロジェクトにおいて以下が見込まれますか。
　　　　　□強制労働、あるいは児童に害をもたらすような児童労働（18歳未満）
　　　　　□職務要件に関係ない個人的な特質に基づいて採用・不採用を決定する
　　　　　　こと
　　　　　□地域住民から評判の悪い、または人権侵害で起訴されている私設保安
　　　　　　員の雇用
　　　　　□上記のいずれも見込まれない

質問17　質問14及び質問15に該当項目がある場合、影響低減策を記載したアク
　　　　ション・プラン（Action Plan）を策定する予定がありますか。
　　　　　□アクション・プラン策定
　　　　　　→　右記より選択　　□策定済み　　　　□策定予定
　　　　　□アクション・プラン策定予定無し

　　　　　上記で「アクション・プラン策定」をチェックした場合、策定済み、若
　　　　　しくは策定予定のアクション・プラン名称を以下よりチェックして下さ
　　　　　い。
　　　　　□Construction Environmental and Social Management Plan

（建設期間中の環境社会管理計画）
　□Operational Environmental and Social Management Plan
　　　（操業期間中の環境社会管理計画）
　□Emergency Preparedness and Response Plan
　　　（事故災害発生時の緊急時対応計画）
　□Resettlement Action Plan
　　　（非自発的住民移転に係る行動計画）
　□Biodiversity Action Plan
　　　（生物多様性への影響の緩和に係る行動計画）
　□Indigenous Peoples Plan
　　　（先住民族への影響の緩和に係る行動計画）
　□Decommissioning Plan
　　　（設備廃止計画、鉱山等の閉山計画、高炉の廃炉計画等）
　□その他（名称：　　　　　　　　　　　　　　　　　　　　　）

上記でアクション・プランを「策定予定」にチェックした場合、策定時期もご記入下さい。
アクション・プランの策定予定時期　　　　（　　　年　　月頃）

上記で「アクション・プラン策定予定無し」にチェックした場合、その理由を以下にご記入願います。（例：現地国政府により別途策定されるため、現地法制上は策定の義務がないため等）

_____
_____
_____
_____
_____

質問18　建設工事または操業段階において、CO_2換算で年10万トン超の温室効果ガスの排出が見込まれますか（Scope 1 およびScope 2の排出形態が対象）。
　　　□年10万トン超　□年10万トン以下　→　質問20以下にお答え下さい。

質問19　質問18でCO_2換算で年10万トン超の温室効果ガスの排出が見込まれる場合、代替案分析（注）は行われていますか。実施されていない場合、実施予定時期はいつですか。
　　　□実施済み　　　　□実施未済（実施予定時期；　　　　　　　　　）
　　　（注）　代替案分析とは、温室効果ガス排出量を抑制することが可能な他

の技術、燃料等の選択肢と、プロジェクトが採択を予定している技術、燃料等との比較分析のこと。

質問20　貴社の環境社会配慮への取り組みについてお伺い致します。
20-1　貴社は本プロジェクトに係る環境社会配慮方針を確立されていますか。
　　　□はい　　　　　　⇒質問20-2、20-3へ　　　　　□いいえ

20-2　(20-1で「はい」と答えた場合) 貴社の環境社会配慮担当者は業務遂行に必要な知識、スキルを習得済みですか。また環境社会配慮に関する従業員研修は実施されていますか。
　　　□はい　　　　　　□いいえ

20-3　(20-1で「はい」と答えた場合) 貴社は本プロジェクト実施に伴う環境社会影響に対して策定する影響緩和策がどの程度効果を上げているかを定期的にモニタリングし、必要に応じて影響緩和策を見直す環境社会管理システム（ESMS）を構築されていますか。リスク管理について外部機関等の認証を受けたり、内部統制の仕組みをつくったりしていますか。
　　　□はい　　　　　　□いいえ

20-4　貴社事業につき、環境、社会、健康、安全面で現在係争中の案件はありますか。
　　　□はい　　　　　　□いいえ

20-5　貴社はNGO等と定期的な協議を行っていますか。メディア報道等はありますか。
　　　協議の場：　□はい　　　　　□いいえ
　　　メディア：　□はい　　　　　□いいえ

質問は以上です。ご協力ありがとうございました。

b　ESIAレビュー

　環境・社会影響評価書（Environmental and Social Impact Assessment、ESIA）は、EPFIが、プロジェクトの環境・社会リスク分析をするうえで最

も重要な情報源であり、環境・社会リスク分析の起点となる文書といえる。「原則2：環境・社会アセスメント」で説明したように、プロジェクト所在国の環境に関する法律や規制では、環境負荷が大きいプロジェクトに対して環境アセスメントを実施し、当局に報告することが、ごく一部の国を除き義務づけられている。ESIAには、この環境アセスメントの結果が全て記載され、またESIAが承認されないプロジェクトは実施できない。

ESIAには、アセスメントの要旨やプロジェクト概要、大気・水質・騒音などといった項目ごとに、プロジェクト実施前の状況（ベースライン）と、実施によってもたらされると予想される変化、そして生物多様性や先住民族、文化遺産への影響等も記載されている。ESIAによって、プロジェクト所在国の法規制を遵守していることが確認され、必要に応じて影響を緩和・軽減するための対策も立てられる。ESIAは通常、100頁を超えるものがほとんどで、1,000頁以上にわたる場合もある。

多くの場合、EP担当部署は営業担当者を通じて、プロジェクト実施者から「EPスクリーニングフォーム」とともにESIAを入手する。EP担当部署は、「EPスクリーニングフォーム」とESIAの内容、その時点で入手したその他の関連情報を総合的に勘案し、プロジェクトの環境・社会に対する潜在的なリスクと影響の大きさに応じてカテゴリーを付与する。よって、この段階でプロジェクト所在国の環境当局の承認を得たESIAが手元にあるのが理想的である。しかし、プロジェクトによっては、この時点ではまだESIAが完成していないか、環境当局の承認が完了していない場合もある。その場合、EPFIはプロジェクト実施者に対して、合意された期限までに必ず環境アセスメントを完了し、ESIAの情報を提出することを求める。

c　外部コンサルタントによるレビュー結果の確認

EPの「原則3：適用される環境・社会基準」は、プロジェクト所在国が指定国の場合、アセスメントのプロセスが、①プロジェクト所在国の環境・社会関連法規制を遵守することを求めている。そしてプロジェクト所在国が指定国以外の場合には上記①に加えて、②IFCパフォーマンススタンダード

と、③世界銀行グループのEHSガイドラインという2つの国際基準を遵守するよう求めている。

ESIAは、通常その国の環境関連法規制に基づき作成され、環境当局に提出される。よって、①プロジェクト所在国の環境・社会関連法規制を遵守した内容になることは担保されている。しかし、プロジェクトが指定国以外の国に所在する場合は、②IFCパフォーマンススタンダードと、③EHSガイドラインについても遵守する必要が生じる。プロジェクト実施者は、「原則7：独立した環境・社会コンサルタントによるレビュー」に基づき、全てのカテゴリーAのプロジェクトと、カテゴリーBのうち必要とされるプロジェクトについて、プロジェクト実施者から独立した立場の環境・社会コンサルタント（以下「外部コンサルタント」）に、EP遵守の観点からESIAをレビューさせる。そして外部コンサルタントはEPに加えて、以下3つの基準に照らし合わせて評価したレポートを作成する。

① プロジェクト所在国の環境・社会関連法規制
② IFCパフォーマンススタンダード
③ 世界銀行グループEHSガイドライン

この外部コンサルタントレポートは、主にプロジェクトとEPが求める国際基準からの乖離（ギャップ）を示すため、ギャップレポート、またはギャップアナリシスとも呼ばれる。また、カテゴリーについてもコンサルタントの意見・考察が含まれることが多い。EPFIは外部コンサルタントのレポートを精査し、プロジェクトにEPの求める国際基準から乖離している事項がある場合にはその乖離を埋めるよう、プロジェクト実施者に働きかける。また、必要に応じてコンサルタントにEPアクションプランの策定をサポートしてもらう（第2章⑪「【原則7】独立した環境・社会コンサルタントによるレビュー」参照）。

外部コンサルタントのレビューレポートも大規模な案件であれば、数百頁を超える場合が多い。EPFIのEP担当者はプロジェクトがEPを遵守していることを正確に把握するために、1項目ずつ精査していく必要があるため、論点が多い案件の場合には精査に数週間を要することもある。外部コンサルタ

ントによるレビューが実施されない場合は、EPFIがギャップアナリシスを実施する。

d　公的輸出信用機関の環境・社会デューデリジェンスの参照

　公的輸出信用機関（Export Credit Agencies、ECA）は、自国の輸出を促進するために輸出金融、貿易保険等を提供する政府系金融機関である。日本では国際協力銀行（JBIC）と日本貿易保険（NEXI）がECAに該当する。

　OECD加盟国のECAはまず、ECAのための環境指針である「OECDコモンアプローチ」に従って、投融資するほぼ全てのプロジェクトについて環境・社会デューデリジェンスを実施する。このOECDコモンアプローチは世界銀行のセーフガードポリシーやIFCパフォーマンススタンダードを参照している。そのため、OECD加盟国のECAはプロジェクト実施者に対して、EPFIと同様にIFCパフォーマンススタンダードと世界銀行のEHSガイドラインの遵守を求めることが多い。またECAの多くは、OECDコモンアプローチの遵守に加え、独自の環境・社会ガイドラインを策定し、プロジェクト実施者に対してその遵守を求めている。JBICとNEXIもそれぞれ独自に環境社会配慮確認のためのガイドラインを制定している。

　同じプロジェクトにECAが民間金融機関と並んで参加している場合、EPFIはそれらECAの環境・社会デューデリジェンス内容を参照することがある。JBICはみずほ銀行、三菱東京UFJ銀行、三井住友銀行を含む民間銀行と、「環境審査に係る協定書」を結んでおり、この協定書を締結した民間銀行は、JBICのスクリーニング結果や、環境審査所見などをJBICから提供してもらうことができる。

e　カテゴリー付与

　EPFIは、プロジェクトの環境・社会に与えるリスクと影響に関する情報をスクリーニングし、そのリスクの大きさに応じてA／B／Cいずれかのカテゴリーを付与する（「原則１：レビュー、およびカテゴリー付与」）。カテゴリーによって、プロジェクト実施者に対する要求事項の内容が変わるので、

図表3-4　プロジェクトファイナンスの場合

カテゴリー	お客さまに求める事項
A	① 環境・社会アセスメントの実施とアセスメント内容の文書化 ② 代替案分析の実施（温室効果ガス排出量がCO_2換算で年間10万トン超の場合） ③ 環境・社会マネジメントシステムの構築 ④ EPアクションプランの作成 ⑤ 影響を受ける地域社会に対するステークホルダー・エンゲージメントの実施 ⑥ EP遵守に係る誓約条項の融資契約書への挿入と、最低年に一度のモニタリングレポートの提出 ⑦ 苦情処理メカニズムの構築 ⑧ 環境・社会影響評価書またはその要約をオンライン上で開示 ⑨ 温室効果ガス排出量の開示（CO_2換算で年間10万トン超の場合） ⑩ 上記①〜⑥の独立した環境・社会コンサルタントによるレビュー ⑪ 独立した環境・社会コンサルタントによるモニタリングの実施
B	① 環境・社会アセスメントの実施とアセスメント内容の文書化 ② 代替案分析の実施（温室効果ガス排出量がCO_2換算で年間10万トン超の場合） ③ 環境・社会マネジメントシステムの構築 ④ EPアクションプランの作成 ⑤ 影響を受ける地域社会に対するステークホルダー・エンゲージメントの実施 ⑥ EP遵守に係る誓約条項の融資契約書への挿入と、年に一度のモニタリングレポートの提出 （以下は必要と認められる場合） ⑦ 苦情処理メカニズムの構築 ⑧ 環境・社会影響評価書またはその要約をオンライン上で開示 ⑨ 温室効果ガス排出量の開示（CO_2換算で年間10万トン超の場合） ⑩ 上記①〜⑥の独立した環境・社会コンサルタントによるレビュー ⑪ 独立した環境・社会コンサルタントによるモニタリングの実施
C	① 代替案分析の実施（温室効果ガス排出量がCO_2換算で年間10万トン超の場合） ② EP遵守に係る誓約条項の融資契約書への挿入

このプロセスは非常に重要である。「原則1：レビュー、およびカテゴリー付与」で、付与するカテゴリーの判断基準は紹介しているので、ここでは、たとえばプロジェクトファイナンスの場合、カテゴリーに応じたEPの要求事項がどのように違うのかを図表3-4で確認してみよう。

カテゴリーAのプロジェクトは、原則1から原則10を全て満たさなくてはならないが、表にあるようにカテゴリーCとされると、プロジェクト実施者への要求事項はきわめて限られる。EP担当部署はEP遵守に不足している項目があればそれを営業担当者に伝え、営業担当者はそれに基づいてプロジェクト実施者と交渉する。このプロセスはEP遵守が完全に確認されるまで続く。

なお、同じプロジェクトに複数のEPFIが参加している場合でも各行が付与するカテゴリーが完全に一致するとは限らない。プロジェクトの環境・社会リスクに関する情報は、全EPFIに等しく共有されるが、カテゴリーの判断はあくまでも個別EPFIに委ねられるためである。

f　EPFI間での情報共有

EPFIは、営業担当部署同士は競合する関係にある場合でも、EP担当部署は互いに協力することもある。銀行組織の垣根を越えて、EP担当部署はプロジェクト実施者がEPを遵守するように働き掛けし、EPが遵守されていることを確認するという、共通の業務目的をもっているためである。

もちろん情報共有、協力は秘密保持義務やしかるべき法規制を考慮したうえで、EPを整合性がとれたかたちで適用することのみを目的としなければならない。共有できるかできないか、情報は慎重に取り扱う必要があり、またプロジェクト実施者のなかにはいっさいの情報共有を認めない場合もある。その場合は当然、環境に関するだけの情報であっても共有はできない。EPFI間の情報共有に関しては、第2章④「アプローチ」の箇所でも触れているので参照されたい。

g　サイトビジット

　環境・社会リスクが大きいなど、特に注意が必要と判断されるプロジェクトの場合、EPFIは現地実査(サイトビジット)を行うことがある。その際、EPFI単独で実施する場合、独立した環境・社会コンサルタントを伴う場合、またECAと一緒に実施する場合などがある。なお、サイトビジットにかかわる費用は、基本的にプロジェクト実施者の負担となる。

　サイトビジットでは、現場の環境・社会リスク管理担当者との面談、プロジェクトの進捗状況や設備の確認、周辺地域の村々へのインタビューなどを実施し、ESIAに記載されている内容の再確認や、あるいは不足している情報を入手する。必要に応じて、現地の環境法規制や環境関連許認可の取得状況などを確認するため、当局との面談を実施する場合もある。現地での議論を円滑に進めるため、サイトビジットの前にEPFIからの質問事項をプロジェクト実施者に送付するなどしている。

h　融資契約書への環境・社会関連コベナンツの反映

　一般的なコーポレートローンの融資契約書に比べ、プロジェクトファイナンスの融資契約書は複雑で、分量も数十頁から数百頁超に及ぶケースが多く、草案から最終版確定まで長い期間を要する。通常、融資契約書は弁護士

など法律の専門家が作成し、銀行の営業担当者が確認して、プロジェクト実施者（借入人）との交渉に入る。銀行と借入人が合意すれば、融資契約書は調印される。

　EPの「原則8：誓約条項（コベナンツ）」に基づき、EPFIは融資契約書上にEPの遵守に関するコベナンツを盛り込む。銀行によりプロセスはさまざまだが、通常は融資契約書の草案が作成された段階でEP担当部署によるチェックを受ける。EP担当部署は、EPに係るコベナンツが盛り込まれていることを確認する（もちろん、コベナンツだけでなく、適用される環境・社会基準が正しく記載されているかなど、他の環境・社会に関する事項についてもチェックは必要）。必要なコベナンツが盛り込まれていなければ、盛り込むことを営業担当者がプロジェクト実施者と交渉する。仮にプロジェクト実施者がEPに係るコベナンツを全く受け入れない場合、EPの「原則8：誓約条項（コベナンツ）」を遵守できないことになるので、EPFIはそのプロジェクトに対して融資しないことになる。融資契約書にEPに係るコベナンツを盛り込むことはEP遵守を担保する非常に重要なプロセスである。

i　EP遵守確認

　EPFIと借入人の双方が合意し、融資契約書の最終版が確定すれば融資契約書作成作業は終了となる。次は調印と、貸出前提条件（CP）充足の確認、融資実行段階へと移る。

　ここでのポイントは、EPFIは融資実行前に全てのEP基準を満たしていることを必ずしも求めていないということである。プロジェクト実施者がEP遵守に協力的であり、EP遵守を融資契約書に盛り込むことができれば融資可能となる。たとえば、外部コンサルタントによるレビューの際に、IFC基準とのギャップ（たとえば騒音等）が判明した場合でも、改善措置が実際にとられるまで融資ができないということではない。この場合、ギャップがあるということをプロジェクト実施者に認識させ、改善策（たとえば防音壁の設置等）をEPアクションプランに明記することを提案する。プロジェクト実施者がそれを受け入れ、さらにEPアクションプランの遵守をコベナンツ

として融資契約書に盛り込むことができれば、案件を進めることが可能となる。

(3) 案件事後管理

a　コベナンツ管理

　プロジェクトがEP遵守に必要な全ての手続を終え、無事に融資契約が調印された後も、EPFIは融資契約にコベナンツとして記載されているEPの要求事項が遵守されていることを定期的に確認する。融資契約が締結された後に建設や操業が開始される場合が実際には多い。そのため、EPFIはこのコベナンツが遵守されていること、すなわちプロジェクトが建設と操業期間を通してEPに則った適切な環境・社会リスクへの対応を実施していることを確認する。確認は、EP担当部署が定期的に行うか、または、融資案件の期中信用管理を担当する部署が、他の財務維持コベナンツとともに確認する場合もある。

　万が一、融資期間中にプロジェクトが環境・社会関連コベナンツに抵触する場合、EPFIはプロジェクト実施者に対してすみやかな是正措置を要求するとともに、プロジェクト実施者がEP遵守の状態に回復できるような対策を策定することに協力する。仮にEPを遵守できないとなれば、融資契約違反となり、債務不履行事由に該当すると判断される可能性もある。

　第2章⑫「【原則8】誓約条項（コベナンツ）」で紹介したように、プロジェクト実施者は少なくとも年に一度、EPFIに対してEPの遵守状況を記載した定期報告書を提出する。EPFIはその内容を確認するが、プロジェクトによっては、サイトビジットを実施することもある。これらの作業によりEPが遵守されていないことが判明した場合、EPFIはプロジェクト実施者と協議し、必要な対策を策定してEP遵守状態を回復できるようにサポートする。

b　レピュテーションリスク管理

　企業に対する信用やブランドイメージ（レピュテーション）の低下は、その企業の経営に大きな打撃を与える。融資したプロジェクトの環境・社会リスクが適切に管理されていない場合、プロジェクト実施者のみならず、金融機関も、同様にレピュテーションの悪化につながることがある。逆に、EPに基づく環境・社会リスク管理が適切であれば、プロジェクトの事業継続性を高め、結果的にプロジェクト実施者やEPFIのレピュテーション悪化を避けることができる。

　こうした認識のもと、EPFIはコベナンツで求める定期報告書やサイトビジットによって個別プロジェクトの最新状況を把握する。また、日頃からメディアやNGOなどの第三者が発信するプロジェクトの環境・社会リスクに関する情報を把握しておくことも有効である。

c　情報開示の確認

　EPは、プロジェクト実施者が、①全てのカテゴリーAのプロジェクトと、カテゴリーBのうち必要とされるプロジェクトについて、ESIAの少なくとも要約をオンライン上で開示すること、②プロジェクト操業期間中の年間温室効果ガス（GHG）排出量がCO_2換算で10万トン超の場合、その排出量を公表することを求める。融資実行後に、これについて実際に開示されていることの確認が必要となる。

　本項では「実施手続」について記述してきたが、最後に、参考までにプロジェクトにEPを適用する際の、全体のスケジュールのイメージを図表3－5で示す。

図表3－5　プロジェクトの流れ（イメージ）

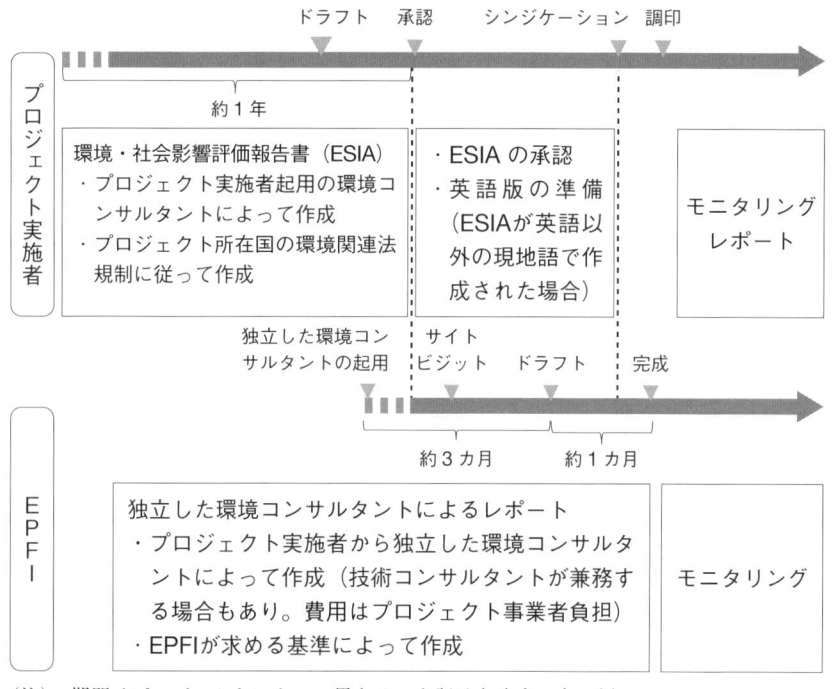

```
                    ドラフト  承認    シンジケーション  調印
                      ▼      ▼          ▼          ▼
プ  ━━━┅┅━━━━━━━━━━━━━━━━━━━━━━━━━━━━━━━━━━━━━━━━━▶
ロ         ┌── 約1年 ──┤
ジ         ┌──────────────┬──────────────┐  ┌──────────┐
ェ         │環境・社会影響│・ESIAの承認   │  │          │
ク         │評価報告書    │・英語版の準備 │  │モニタリング│
ト         │（ESIA）      │ （ESIAが英語以│  │レポート    │
実         │・プロジェクト│  外の現地語で │  │          │
施         │ 実施者起用の │  作成された場 │  │          │
者         │ 環境コンサル │  合）         │  │          │
           │ タントによっ │               │  │          │
           │ て作成       │               │  │          │
           │・プロジェクト│               │  │          │
           │ 所在国の環境 │               │  │          │
           │ 関連法規制に │               │  │          │
           │ 従って作成   │               │  │          │
           └──────────────┴──────────────┘  └──────────┘

                独立した環境コン  サイト
                サルタントの起用  ビジット  ドラフト     完成
                      ▼           ▼         ▼          ▼
E       ━━━━━━━━┅┅━━━━━━━━━━━━━━━━━━━━━━━━━━━━━━━━▶
P                          ├─ 約3カ月 ─┤─約1カ月─┤
F         ┌──────────────────────────────┐  ┌──────────┐
I         │独立した環境コンサルタントによ│  │          │
          │るレポート                    │  │モニタリング│
          │・プロジェクト実施者から独立し│  │          │
          │ た環境コンサルタントによって │  │          │
          │ 作成（技術コンサルタントが兼 │  │          │
          │ 務する場合もあり。費用はプロ │  │          │
          │ ジェクト事業者負担）         │  │          │
          │・EPFIが求める基準によって作成│  │          │
          └──────────────────────────────┘  └──────────┘
```

（注）　期間はプロジェクトによって異なる。上記はあくまでも一例。

コラム 8

新任担当者の「1年を振り返って」

「エクエーター原則（以下「EP」）」という言葉は、就職して初めて聞いた。
　私はインド出身だが、国際的な金融ビジネスに興味があり、日本の銀行に就職した。希望どおりプロジェクトファイナンスを担当する部に発令を受け、まずインターンとして管理業務関係のチームに3カ月間在籍し、それから配属されたのがいまのEPを主とする環境・社会リスクを管理するチームだった。
　学生時代に金融学のMBAをとったので、キャッシュフロー作成、ディールの組成方法、各種提案書作成のポイントなど、プロジェクトファイナンスに関する基礎知識は一通りあった。しかし、それらの大規模な案件が含む環境・社会リスクをどのように評価するかは学ぶ機会がなかった。模擬提案書をつくるときも、いつも環境・社会リスクについての部分はかたちばかりに、ほんの数行触れただけだった。
　初めて「エクエーター原則」という言葉を聞いた時、まず思ったのは、"なぜ赤道（エクエーター）が出てくるのか？"、ということだった。赤道周辺地域は暑いから、地球温暖化に関係があることなのか？　地球温暖化がプロジェクトファイナンスとどう関係するのか？　等々。当時は本当に何も知らなかったのだ。
　着任した初日はボスからのレクチャーだ。EPがいかに重要か、なぜうちの銀行がEPを採択したのか、なぜEPを案件に適用するのか、EPによって何が変わったのか、銀行とお客さまにとってのメリットは何か、などなど。次いで先輩からEP関連書類を山のように渡された。EP原文、各種ガイドライン、IFCパフォーマンススタンダード、EHSガイドライン、改訂前の古いバージョンのEP第1版と第2版などだ。さらにはADBやJBICの環境配慮に関するウェブサイトにもアクセスするよういわれた。
　理論的なことはなんとなくわかった。では、案件をEPに則ってどう実際に評価しているのだろうか。ここまで来て次に先輩から読むようにいわれたのは、お客さまや行内関係者向けにこれまで銀行が独自に作成してきた説明資料や行内マニュアル、実際の案件で入手してきたESIAやコンサルタントレポート、先輩方が作成した所見やレポートの過去事例などだ。
　その後、実際にEPに基づくレビューを担当した。小規模な風力発電案件で環境・社会リスクは限定的なものだったが、なにしろ初めてであり、ESIAや

コンサルタントレポート、契約書ドラフトを10回以上は読んだ。環境・社会リスクに関する所見レポート作成時には何回も「騒音対策」「融資前条件」「コベナンツの文言」「環境基準の定義」など細かい点を確認した。何カ所か修正されたものの、ようやくレポートをまとめ、最後にボスの承認を受け、ハンコを押してもらった時はホッとした。所見レポートの押印欄に並んだハンコが輝いてみえたものだ。

　その後、さまざまな案件を通じて多くのことを学んだ。大規模な住民移転を伴う案件や、生物多様性に重大な影響を及ぼしそうな案件も手がけた。最近感じるのは責任の大きさとやりがいだ。EPに基づくデューデリジェンスを実施するということは、単にチェックリストに沿って○か×を判定すればいいということではない。プロジェクトへの融資が自然環境・周辺地域にどのような影響を及ぼし、そして影響し続けるのか、というところまで考慮せねばならず、しかもプロジェクトが続く限り、EPに則ったサポートを続けていかなければならないのだ。キャッシュフロー分析だけでは判明しえない情報を営業担当者に提供し、同時に環境・社会リスクの詳細を明らかにしてその対応策を提案することでお客さまのお役にも立っている。

　EPは、お客さまに環境・社会への配慮を促すことで、持続可能な経済発展に貢献しているという側面をもち、当行のCSRの中核の1つと位置づけられている。とはいえ、EPはまだ当行業務全体のなかではマイナーな存在だ。EPを知らない行員もいる。しかしEPは、持続可能な経済発展を可能にする環境・社会リスク管理の土台だ。近い将来、EPは銀行員であれば当然知っておくべき知識になるだろう。それまでに学ばなきゃいけないこと、学びたいことはまだまだ山のようにある。

（みずほ銀行　L・グローバー）

第4章

EP協会

1　概　　要

　EP協会は、EPを採択する金融機関（以下「EPFI」）によって構成されている。EPは2003年に制定され、当初は欧米の10銀行がこれを採択した。EPFIが欧米系銀行中心でまだ採択数も少なかった頃は、互いの連絡等も容易だったため、特に協会として組織化もされず、自らをEPグループと呼んでいた。しかしながら、その後EPFIの数が年々拡大の一途をたどったため、組織体制整備とグループ運営ルールの確立が必要となった。2010年に、すでに60を超えていたEPFIによってEP協会ガバナンスルールが定められ、正式にEP協会が設立された。EP協会は法人格をもたない任意の団体として運営・管理されている。

　2015年12月末現在、EP協会は、世界36カ国・地域の82の金融機関で構成されている。

　EP協会設立の目的は、主として以下の4つである。

　①　EP未採択の金融機関に対する勧誘
　②　EPFIがEP運営するにあたって、国際的に優れていると認められた金

図表4－1　EPの歩み

10行採択	26行採択	67行採択	79行採択	82行採択
EP制定	EP第2版発効	ガバナンスルール制定 EP協会発足	EP第3版発効	
2003年6月	2006年7月	2010年7月	2013年6月	2015年12月

図表 4 – 2　EPFI一覧　（2015年12月末現在。地域ごとの採択順）

＊は各国ECAを表す。

米州	欧州・中東・アフリカ		アジア・オセアニア
北米（14）	ヨーロッパ（34）		アジア（7）
Citigroup Royal Bank of Canada Canadian Imperial Bank of Commerce Manulife Financial Wells Fargo Bank Bank of Montreal Bank of America Corporation Bank of Nova Scotia JPMorgan TD Bank Financial Group Export Development Canada* Ex-Im Bank* CIBanco Banco Mercantil del Norte	UniCredit Bank Royal Bank of Scotland Rabobank Group Crédit Agricole Corporate and Investment Bank Credit Suisse Group Barclays ING Bank HSBC Standard Chartered KBC Group Eksport Kredit Fonden* Banco Bilbao Vizcaya Argentaria Banco Espírito Santo FMO* Intesa Sanpaolo Nordea Bank CaixaBank	Skandinaviska Enskilda Banken Société Générale Lloyds Banking Group KfW IPEX-Bank* DNB BNP Paribas Banco Santander ABN Amro ASN Bank NV NIBC Bank Natixis DekaBank Banco Sabadell DZ Bank Banco Popular Español UK Green Investment Bank Eksportkreditt Norway*	みずほ銀行 三菱東京UFJ銀行 三井住友銀行 興業銀行（中国） IDFC（インド） 国泰世華銀行（台湾） 玉山銀行（台湾）
			オセアニア（5）
			Westpac Banking Corporation ANZ National Australia Bank Efic* Commonwealth Bank of Australia
中南米（10）	中東（3）	アフリカ（9）	
Itaú Unibanco Banco Bradesco Banco do Brasil Banco de Crédito Banco de Galicia y Buenos Aires CIFI CORPBANCA Banco de la República Oriental del Uruguay Bancolombia CAIXA Economica Federal	Bank Muscat Ahli United Bank National Bank of Abu Dhabi PJSC	Nedbank Arab African International Bank Standard Bank Access Bank Plc FirstRand BMCE Bank Ecobank Transnational Incorporated Mauritius Commercial Bank Fidelity Bank	

融手法や、しかるべき法規制に則ることを促進する。また、EPFIが適切かつ統一的な目線をもってEPに取り組むことの促進
③　EPFIが、国際的に優れていると認められた取組事例や、持続可能性に関する基準の変化、ステークホルダーの取組みや見解の変化などを考慮に入れて、EPを進展させていくこと
④　独自の環境・社会配慮に関する基準をもつ国際金融機関などとの情報交換を実施し、専門知識を共有すること

2 EP協会活動

EP協会内には運営委員会、議長、ワーキンググループ、事務局などが設置されている。図表 4 − 3 に、EP協会の組織図を示す。

(1) 運営委員会（Steering Committee）

運営委員会は、協会内における議論と意思決定をより円滑に行うために設置されている。2015年12月現在は12行で構成され、EP協会全体の運営方針などについて話し合う。EPの改訂など、重要事項については運営委員会で得た結論や提案が、全EPFIによる投票にかけられ、最終決断が下される。また、後述する各ワーキンググループの活動報告と今後の活動についても議論し、方針を固めていく。運営委員の顔ぶれは、ヨーロッパ、米州、アジア、アフリカ等全世界に広がっているため、月に一度の定例会議は電話会議方式により開催されている。2015年12月現在、みずほ銀行と三菱東京UFJ銀行が運営委員を務めている。

図表 4 − 3　EP協会組織図

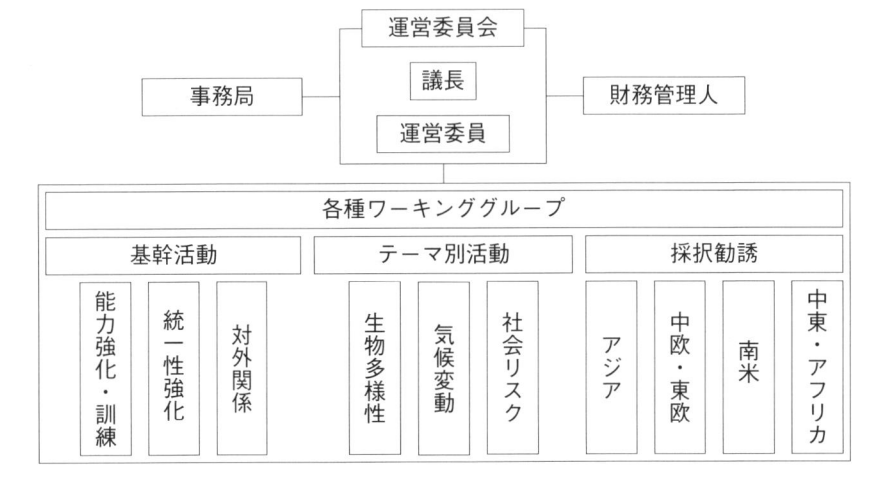

```
          ┌──────────┐
          │  運営委員会  │
┌──────┐│   議長    │┌──────┐
│ 事務局 ├┤          ├┤財務管理人│
└──────┘│  運営委員  │└──────┘
          └──────────┘
┌──────────────────────────────────┐
│           各種ワーキンググループ              │
│ ┌─────────┬─────────┬─────────┐ │
│ │ 基幹活動  │テーマ別活動│ 採択勧誘  │ │
│ │能統対   │生気社     │ア中南中   │ │
│ │力一外   │物候会     │ジ欧米東   │ │
│ │強性関   │多変リ     │ア・  ・   │ │
│ │化強係   │様動ス     │  東    ア │ │
│ │・化     │性   ク    │  欧    フ │ │
│ │訓       │           │        リ │ │
│ │練       │           │        カ │ │
│ └─────────┴─────────┴─────────┘ │
└──────────────────────────────────┘
```

図表4−4　運営委員一覧（2015年12月末現在）

みずほ銀行	日本
三菱東京UFJ銀行	日本
Export Development Canada	カナダ
Citigroup	米国
JPMorgan	米国
Itaú Unibanco	ブラジル
Barclays	英国
Standard Chartered	英国
Royal Bank of Scotland	英国
Credit Suisse Group	スイス
ING Bank	オランダ
Standard Bank	南アフリカ

（注）　運営委員の任期は3年間である。

(2)　議長行（Chair Bank）

　議長行は運営委員のなかから、運営委員の投票によって選出される。議長行は、運営委員会やEP協会の年次総会で司会進行役を務めるほか、ワーキンググループやその他EPFIから寄せられる意見や提案について調整を図る。また、EP協会の代表として、世界各地の外部機関からEPに関する照会や講演依頼を受ける機会も多い。

　議長行は欧米銀行を中心に選ばれてきたが、2014年5月にみずほ銀行がアジア地域の銀行として初めて立候補し、議長に就任した。みずほ銀行が議長行に就任して以来、アジア地域の金融当局や金融機関から、EPに関する照会や採択に向けた相談が増えている。2015年には、南アフリカのスタンダードバンクがアフリカ勢として初めて議長に就任した。

(3)　事務局（Secretariat）

　事務局は議長行を補佐して、各種連絡や会議の手配、EP協会ウェブサイトの管理などを行う。また、EPFIは「原則10：情報開示と透明性」に従い、自身の銀行におけるEP運営体制や、EPを適用したプロジェクト件数な

図表 4 − 5　歴代議長行一覧

・2003-2005	Citigroup	（米国）
・2005-2006	HSBC	（英国）
・2006-2007	UniCredit Bank	（ドイツ）
・2007-2008	Barclays	（英国）
・2008-2010	Itaú Unibanco	（ブラジル）
・2010-2012	Citigroup（2回目）	（米国）
・2012-2014	ING Bank	（オランダ）
・2014-2015	みずほ銀行	（日本）
・2015-	Standard Bank	（南アフリカ）

どをウェブサイト上で公開しなければならないが、それが毎年きちんと更新されていることの確認も行う。EPFIが支払わなければならない年会費の連絡、督促、入金確認も重要な仕事の1つである。2015年12月現在、事務局業務は外部に委託している。

(4) 財務管理人（Trustee）

EP協会は、EPFIが毎年納める年会費をもとに運営されている。財務管理人は事務局による入出金について確認、承認し、管理する。2015年12月現在はBNPパリバが務めている。

(5) ワーキンググループ（Working Group）

a 全体像

ワーキンググループは、EPに関する運営や管理方法についてのガイダンスの作成や、EPのさらなる改善に向けた事例研究と、それを具体的にEPに組み込むことの検討などを行っている。2015年12月現在はテーマごとに6つのワーキンググループが設置されている。

b 能力強化・訓練ワーキンググループ

能力強化・訓練ワーキンググループは、EPFIによるEPの解釈と実務をサ

図表4－6　ワーキンググループ一覧

ワーキンググループ	リーダー
基幹活動	
能力強化・訓練ワーキンググループ Capacity Building & Training	ING Bank Banco Santander
統一性強化ワーキンググループ Consistency	Export Development Canada Standard Chartered 三菱東京UFJ銀行
対外関係ワーキンググループ External Relations	Royal Bank of Scotland Credit Suisse Group Export Development Canada UniCredit Bank
テーマ別活動	
生物多様性ワーキンググループ Biodiversity	Citigroup
気候変動ワーキンググループ Climate Change	Barclays Ex-Im Bank
社会リスクワーキンググループ Social Risk	Barclays 三菱東京UFJ銀行
採択勧誘活動	
アジア	みずほ銀行
中欧・東欧	UniCredit Bank
南米	Itaú Unibanco Banco Santander
中東・アフリカ	Standard Bank

ポートするため、協会内で知識の共有を促進していくことを目的としている。

c　統一性強化ワーキンググループ

統一性強化ワーキンググループは、各EPFIが統一された目線でEPを運

営・管理できるようEPFIをサポートするもので、活動内容は大きく2つに分かれる。1つ目はEPFIからの質問に回答することである。事務局を通じて受け付けた質問とそれに対するワーキンググループの回答は、秘密保持等を配慮したうえで、全EPFIで共有される。

2つ目はEPの運営・管理に関するガイダンス（手引書）を作成することである。ガイダンスの作成と利用により全EPFIのEPの運営・管理に関する認識を共通化して、統一目線を確保するねらいがある。

d　対外関係ワーキンググループ

対外関係ワーキンググループはEP協会の広報部門といえ、取材対応、寄稿、あるいはNGO対応等が主な活動内容となる。EP協会と外部ステークホルダーとの協力やコミュニケーションの取りまとめも担当する。

e　生物多様性ワーキンググループ

生物多様性ワーキンググループは生物多様性に関するリスク管理の優れた実践例の研究を主な活動としており、EPFI向けに定期的にセミナーを開くことなどを通して、ケーススタディに基づく知見の共有をしている。

EP協会は、国際石油産業環境保全連盟（IPIECA）と国際金属・鉱業評議会（ICMM）とともに、資源開発プロジェクトの生物多様性対応についての実務的なガイドラインの作成を進めている異業種間生物多様性イニシアチブ（Cross Sector Biodiversity Initiative、CSBI）に取り組んでいる。当ワーキンググループはEP協会を代表してこのガイドラインづくりに参加している。

f　気候変動ワーキンググループ

気候変動ワーキンググループは、気候変動に関するリスク管理の優れた実践例の研究を主な活動としていて、主として温室効果ガスへの対応について検討している。現在のEP（第3版）は、年間の温室効果ガス排出量がCO_2換算で10万トンを超えるプロジェクトについては、代替案分析の実施と、操業期間中の温室効果ガスの年間排出量の開示を求めているが、これはこのワー

キンググループの提言を受けたものである。

g　社会リスクワーキンググループ

　社会リスクワーキンググループは、社会リスク管理に関する具体的な事例の研究・検討を主な活動としている。中心テーマは人権問題への対応で、定期的に意見交換の場を設けているほか、長期的な目標としてガイダンスづくりを進めている。同ワーキンググループの提案により、現在のEP（第3版）には「人権問題への対応」が本文に入っている。

h　採択勧誘（Outreach）ワーキンググループ

　採択勧誘ワーキンググループは、地域別に4つに分かれており、セミナーや勉強会などを通じてEPの普及のため、採択の勧誘に努めている。2015年12月現在EPは世界82の金融機関で採択されているものの、アジア、中欧・東欧、南米、中東・アフリカの地域においては、まだその採択数が少ない。このような状況をふまえ、採択勧誘ワーキンググループは、これら特定の地域に特に的を絞って活動している。この勧誘活動の結果、たとえばアジア地域では、中国の興業銀行、インドのIDFC、台湾の国泰世華銀行がEPを採択した。

　EPを採択する金融機関が増え、EPがいっそう普及すれば、資源開発や大型インフラプロジェクトなどを実施する際の環境・社会リスクマネジメントに関するアプローチの共通化が進むことになる。共通のアプローチが確立されれば、プロジェクト実施者にとっても、各行からそれぞれ異なる要求をされることがなくなるなど、環境・社会に対する配慮について対応がしやすくなる。

3 EPの採択

　EPを採択するとEPFIとしてEP協会に登録される。EPFIになるためには、EPの適用対象であるプロジェクトファイナンス、プロジェクトファイナンス・アドバイザリーサービス、プロジェクト紐付きコーポレートローンのいずれかの業務を現に行っているか、もしくは行う予定であり、そしてそれらの業務を行う際にはEPを適用し、プロジェクト実施者にEPを遵守させることを誓約することが必要である。

　EP採択とEP協会入会手続は、所定の「採択同意書（Adoption Agreement）」と「連絡先（Contact Form）」に記入、署名してEP協会事務局に送付する。その内容が議長行によって確認されれば正式に採択・入会となり、EP協会のウェブサイト上のEPFI一覧に銀行名が掲載される。

　採択後、EPFIとしての資格を維持するためには、年間費の支払と、EPの「原則10：情報開示と透明性」と付属書に定められている情報開示に関する

図表 4 − 7　採択同意書（EP協会ウェブサイトよりダウンロード可）

（出所）　EP協会ウェブサイトより

第 4 章　EP協会　181

要求事項を満たさなくてはならない。

(1) 年会費

　年会費は、EP協会の年間予算をEPFI数で均等割りした金額で、2015年度（2015年7月1日から2016年6月30日）の年会費は一金融機関当り約65万円だった。事務局と財務管理人によって作成され、運営委員会に承認されたEP協会年間予算案は最終的に全EPFIの投票によって決定される。その主な内訳は、年次総会にかかわる諸費用（会場施設費、事務局担当者の旅費・宿泊費など）、通信費（通常のEP協会内の会議は全て電話会議で行われる）、外部委託費（EP事務局）などである。EP協会自身は自前の事務所、人員をもたないのでオフィス賃借料や人件費は発生しない。

(2) 情報開示

　「原則10：情報開示と透明性」に従って、EPFIは年に一度、報告対象期間におけるEP適用件数と実施状況を各行のウェブサイト上に開示しなければいけない。また、プロジェクトファイナンス案件に関する個別情報は、各EPFIがEP協会事務局に報告し、EP協会のウェブサイトにて公表される。

　EPFIごとに決算時期が異なるなどの理由のため、ウェブサイト上の開示情報の更新時期も一様ではない。EP協会事務局は、各EPFIが毎年どのタイミングでEPに関する開示情報を更新するのかを申告させ、EP事務局はその期限に従って更新されていることを確認する。

コラム 9

EP協会年次総会

　いまやEP協会は、世界82行から成る巨大な国際ネットワークであるが、その主要メンバーの多くが顔をそろえるのが、毎年開かれる年次総会である。年次総会では、協会内に設けられている各ワーキンググループからの活動報告や、今後の活動について議論される。また、年次総会期間中に開催するワークショップでは、国際開発金融機関やEP未採択金融機関なども招き、ケーススタディなどをもとにお互いの環境・社会リスクマネジメントに関する知識や経験を共有し、EP協会としてのEP適用実務のレベル向上を図っている。

　年次総会は、2012年までは米国ワシントンD.C.で開催されてきた。しかし、経済発展が目覚ましいアジア地域や、今後ますます注目されるであろうアフリカ地域における環境・社会リスクマネジメントの重要性を考慮して、2013年には東京で、2014年には南アフリカのケープタウンで開催された。

　みずほ銀行はEP採択勧誘ワーキンググループのアジア地域リーダーを務めていることもあり、2013年の年次総会開催地が東京に決まってからは、その準備に向けて全面的に動いた。それまで、ワシントンD.C.で年次総会が開催されていた際は、EP協会の事務局が全体のロジスティクスを担当してきた。しかし、事務局は在ロンドンのイギリス人であるため、言葉の問題や時差の関係でみずほ銀行が前面に立ち、予算にあった会場や参加者の宿泊施設の手配などを含め、事務局をサポートしたのだ。

　まず邦銀三行で東京都内にある、国際会議が開ける施設とホテルをリストアップすることから始めた。候補がある程度絞られてからは、みずほ銀行が担当を一手に引き受けることになり、私は、施設やホテルから見積りをとり、実際に会場に足を運んで施設や設備の仕様、当日の動線などを確認することに追われた。総会の合間のコーヒーブレイクや、朝と昼の食事のメニューの内容まで事務局と相談しつつ、ホテル側と価格交渉もした。いま振り返ると、このような作業を通じて、国際会議の準備にゼロからかかわったことは、とても貴重な経験だったと思う。また、世界銀行グループの国際金融公社（IFC）が、毎年ワシントンD.C.で開催していた環境・社会リスクマネジメント関連の国際的な研修イベントも、EP協会年次総会にあわせて初めて東京で開催されることになり、そちらのほうも一部サポートすることになった。このIFCイベントには、EPFIだけでなく、各国の輸出信用機関や金融当局、環境当局など130人

あまりが参加する。日々の業務をこなしながら、これらのイベントの準備をするのは大変だった。しかし、EP協会の年次総会や、IFCのような国際機関による環境・社会リスクマネジメント関連の大規模なイベントが日本で開かれる機会は多くはない。まして直接そのサポートができる機会などほとんどないため、当時妊娠4カ月だった私は、つわりも忘れるぐらいやる気満々だったのである。

　煩雑な事務作業に追われながらも、アジア初の年次総会開催ということで、私は何かしらアジアン・フレーバーを取り入れたいと思った。そこで、かねてより個別プロジェクトで連絡をとりあっていたアジア開発銀行（ADB）のオフィサーに、何かコラボレーションできないかと提案をした。嬉しいことに、彼らもかねてからEPに非常に高い関心をもっていたため、当方のオファーを好意的に受け取ってくれた。そして正式に会議に参加し、ADB独自の環境・社会リスクマネジメントのガイドラインについてのプレゼンテーションをしてくれることになった。アジアにおけるインフラや資源開発がますます活発化するなかで、アジアの国際開発金融機関であるADBの環境・社会リスク管理スタンダードの実務について直接学べたことは、EP協会にとっても非常に有意義だった。

　EP年次総会東京会合には、世界から41のEPFIが集結した。電話参加したEPFIもあわせると100人あまりが侃々諤々議論し、ケーススタディ等を通じて互いに学び合う様子は圧巻であり、個人的にも大きな達成感を味わうことができた。

（みずほ銀行　岡田　真沙子）

コラム10

議長行のつぶやき

　2014年4月、任期満了に伴いINGがEP協会議長行から退いた。議長行はEP協会内では重要なポジションで、これまではバークレー（英）、イタウ（ブラジル）、シティ（米）、HSBC（英）、ING（蘭）といった欧米の錚々たるメンバーが務めてきた。

　うち（みずほ銀行）は運営委員会のメンバーで、2006年から2008年には事務局役を務めたこともある。議長行に挑戦してみる資格は十分にあると思い、立候補した（立候補にあたっては行内経営トップの了解まで得たのだが、これはこれで根回しが大変だった）。嬉しいことに運営委員会メンバーの全員から賛成票を得て、2014年5月1日に正式に議長行に就任した。

　公平に、みんなの意見をよく聞き、協会として確実に前進するようリーダーシップをとること。どんな時でも、どんなことについてでもメンバーの声に冷静に耳を傾けること。これが議長行の務めと考え、そのように振る舞うよう努力した。と、いうのは簡単だが、正直80行ものメンバーを束ねるのは大変だ。EP協会メンバーは全世界に散らばっており、時差の関係で電話をするだけでも一苦労。メンバーの関心事も、それに対する意見や将来展望も実にさまざま、百花繚乱状態。しかもEPについて一家言をもっている多士済々のメンバーがそろっている。

　議長行の仕事の1つに、協会内のさまざまなワーキンググループを管理することがある。議長行に就任してまずワーキンググループの再編に着手し、新しいワーキンググループを立ち上げるなどした。ワーキンググループは、担当するテーマについて議論を進めていく。議長行は他のメンバーからの意見を聞きながらEP協会としての方向性をリードしていく。この調整がまた大変で、みんな好き勝手（に聞こえる）言うし、言いっ放しのことも多い（と思う）。全体のコンセンサスを得るのはホントに苦労した。ただ、議長行就任時に心がけたオープンコミュニケーションがよかったのだろう、取り組んだテーマについては前に進めることができた。

　一方で日々の業務にも追われた。議長行をやっていても通常業務が減るわけじゃない。営業からはEPに関する問合せが入るし、私のボスは容赦なくプロジェクトのEPレビュー案件を振ってくる。こうしたなかで議長行としての職務を遂行するのは容易じゃない。それに協会運営委員会と事務局メンバーのほ

とんどは米国やヨーロッパにいる。時差があるため彼らとの電話会議は、たいていの場合こちらの夜遅くに始まるのだ。夜8時スタートはいいほうで、10時、11時スタートなんてこともある。1日が長い。

　しかしまあなんとか、チーム、他のメンバー銀行、事務局など、みんなのサポートを得て無事任務を遂行することができた。EPFIのメンバー100人近くが一堂に参会した年次総会での司会進行と総括を終えた後、多くの参加メンバーから温かい声をかけてもらった時は、本当に言葉にならないほどの達成感を覚えた。

　ここまで振り返ってみると、私のキャリアのなかでもこの挑戦は、銀行員としても私個人としても、非常にやりがいのある、価値ある経験だった。アジアをベースとする銀行で初めてEP協会の議長行に就任したことは、アジア地域で「サステイナビリティ」に携わる人々に対して大きなメッセージを送ることになったのではないかと思う。議長行である、というこの機会をとらえて、アジア地域のサステイナビリティにいっそう貢献していくつもりだ。

　さて、これからまた電話会議だ。その前に夕食をすませておこう。

（みずほ銀行　A・ジョシ）

（注）　本コラムは、みずほ銀行が議長行就任中に執筆したもの。2015年5月に議長行職から退任ずみ。

第5章

EP以外の環境・社会配慮確認の枠組み

EPは、主に国際的に活動する民間金融機関が中心となって策定した、環境・社会リスク管理のための共通のベースラインないしは枠組みである。

一方、世界銀行、国際金融公社（IFC）、アジア開発銀行（ADB）および欧州復興開発銀行（EBRD）等に代表される国際金融機関も、プロジェクトへの融資を検討する際に、プロジェクト実施者による環境や社会への配慮状況を確認するための指針や基準（呼称は「ポリシー」「ガイドライン」「アプローチ」あるいは「スタンダード」などさまざま）をそれぞれ整備してきた。

これらの動きは、経済協力開発機構（OECD）加盟諸国の公的輸出信用機関（ECA）や、EPをはじめとする民間金融機関の環境・社会ポリシーやガイドラインの制定につながっている。

EP以外の環境・社会影響配慮の枠組みも、環境・社会の持続可能性に関するIFCパフォーマンススタンダード（以下「IFC・PS」）や世界銀行グループEHSガイドラインを、環境・社会の方針における参照文書として位置づけていることから、これらとEPとはベースライン部分で共通する関係にあ

図表5-1　国際金融における環境・社会配慮確認の枠組みの関係

機関	文書	年
アジア開発銀行（ADB）	「セーフガードポリシー」	(2009)
欧州復興開発銀行（EBRD）	「環境社会ポリシー」	(2014)
経済開発協力機構（OECD）	「環境コモンアプローチ」	(2012)
国際協力銀行（JBIC）	「環境ガイドライン」	(2015)
民間金融機関他	「エクエーター原則／赤道原則」	(2013)

- 世界銀行「セーフガードポリシー（2005）」
- 国際金融公社（IFC）
  - 「パフォーマンススタンダード（2012）」
  - 「EHSガイドライン（2009）」

←―― 基準として適用　　◀┄┄┄ 参照、あるいは調和

（出所）　各種資料をもとに著者作成

るともいえる。一方、民間金融業界では、EPという共通の枠組み以外に独自の環境・社会ポリシーや産業セクターポリシー制定の傾向が欧米金融機関を中心にみられる他、わが国民間金融機関でも独自の環境・社会配慮のルールを制定するなどの動きがある。

1 世界銀行グループ

　世界銀行グループは、世界188カ国が加盟する世界最大の開発援助機関で、持続可能なかたちでの貧困の削減と繁栄の共有に向けた開発途上国向け支援を担っている。世界銀行グループは、国際復興開発銀行（IBRD）と国際開発協会（IDA）で構成される世界銀行と、国際金融公社（IFC）、多数国間投資保証機関（MIGA）、投資紛争解決国際センター（ICSID）などの3つのグループ機関の集合で成り立っている。それぞれの業務内容は図表5－2のとおりである。

図表5－2　世界銀行グループ機関および各業務内容

	機関名	業務内容
世界銀行	国際復興開発銀行（The International Bank for Reconstruction and Development）	中所得国および信用力のある低所得国の政府向け融資
	国際開発協会（International Development Association）	最貧国の政府向け無利子融資（クレジット）や無償での資金贈与
国際金融公社（International Finance Corporation）		開発途上国の民間セクター向け融資
多数国間投資保証機関（Multilateral Investment Guarantee Agency）		開発途上国への外国直接投資を促進するための、投資家や金融機関向け保証提供
投資紛争解決国際センター（The International Centre for Settlement of Investment Disputes）		開発途上国への外国直接投資を促進するための、国際投資紛争の調停と仲裁

（出所）　世界銀行ウェブサイト

(1) 世界銀行の「セーフガードポリシー」

世界銀行（IBRD・IDA）では、開発途上国向け融資案件が、かつて重大な環境破壊や人権侵害をもたらした経験から、融資対象プロジェクトの環境社会影響配慮確認の運用ポリシー（以下「セーフガードポリシー」）を制定している。

セーフガードポリシーの対象案件は、一部スキームを除く世界銀行が融資するパブリックセクター向けの案件である。PPP[*]案件および民間セクター向け案件については、後述するIFC・PSをもとに策定されたWorld Bank Performance Standardsを適用する。

カテゴリーは、取引内容、および想定されるリスクや影響の大きさに応じてA、B、C、FIに分類される。FIは、世界銀行が金融機関を介してプロジェクトに融資する場合に使われる。カテゴリーAおよびBが付与された案件については、案件のレビュー結果や環境・社会影響評価書（ESIA）など

図表5－3　セーフガードポリシー（運用ポリシー）

OP 4.01	環境アセスメント	（Environmental Assessment）
OP 4.04	自然生息地	（Natural Habitats）
OP 4.36	森林	（Forests）
OP 4.09	病害虫管理	（Pest Management）
OP 4.11	有形文化財	（Physical Cultural Resources）
OP 4.37	ダムの安全性	（Safety of Dams）
OP 4.12	非自発的移転	（Involuntary Resettlement）
OP 4.10	先住民族	（Indigenous Peoples）
OP 7.50	国際水路上のプロジェクト	（Projects on international waterways）
OP 7.60	紛争地域のプロジェクト	（Projects in disputed areas）
（注）	OPは"Operational Policy"の略。	

（出所）　The World Bank, "Safeguards and Sustainability Policies in a Changing World : An Independent Evaluation of World Bank Group Experience"をもとに作成。

（*）　PPP（パブリック・プライベート・パートナーシップ）とは、公共サービスの委託、公共施設等の建設・維持管理・運営等を、民間の資金や経営能力および技術的能力を活用して行うスキーム。

第5章　EP以外の環境・社会配慮確認の枠組み

図表5-4　セーフガードポリシー　新旧対比表

新フレームワーク	対応するセーフガードポリシーなど
ESS1：環境社会リスクと影響の評価と管理	OP 4.01（環境アセスメント）
ESS2：労働と労働条件	OP 4.01（環境アセスメント）およびEHSガイドライン
ESS3：効率的な資源管理と汚染防止	OP 4.09（病害虫管理）およびEHSガイドライン
ESS4：コミュニティの衛生安全	OP 4.37（ダムの安全性）およびEHSガイドライン
ESS5：土地の取得、土地利用制限、非自発的住民移転	OP 4.12（非自発的移転）
ESS6：生物多様性の保全と生物天然資源の持続可能な管理	OP 4.04（自然生息地）およびOP/BP4.36（森林）
ESS7：先住民族	OP 4.10（先住民族）
ESS8：文化遺産	OP 4.11（有形文化財）
ESS9：金融仲介機関	OP 4.01（環境アセスメント）
ESS10：情報開示とステークホルダーの関与	世銀の関与に関する条項を統合

（出所）　世界銀行「持続可能な開発のための基準～世界銀行のセーフガード政策の見直しと改訂」

の関連資料が開示される。

　世界銀行の融資する案件で、フィナンシャル・クローズを迎えていないものについては、世界銀行グループのGrievance Redress Systemを通じて苦情申立てを行うことができる。

　現在、世界銀行は、その内部機関である独立評価グループによる評価結果や、案件レビューやステークホルダーとの協議におけるセーフガードポリシー改訂の必要性の指摘を受け、改訂作業を進めている。40カ国以上でのコンサルテーションや他の国際金融機関等の環境・社会配慮確認の枠組みの検討を経て、2015年7月には新たな環境社会配慮確認のフレームワーク第2版

が公開されている。

　新フレームワークにおいては、従来のセーフガードポリシーを基礎として、世銀が融資するプロジェクトによる負の環境社会リスク・影響を回避、最小化あるいは軽減するために「パートナー国に義務付けられる環境社会基準（Environmental and Social Standards）の10項目」が、図表5－4のとおり示されている。

　今後新しい環境社会基準を含む新フレームワークが承認された場合でも、現在進行中のプロジェクトなどは、現行のセーフガードが引き続き適用される。それ以外の新規事業には、新フレームワークが適用され、既存事業が全て終わった段階でセーフガードポリシーは廃止される予定である。

(2) IFCの「持続可能性に関する枠組み（IFCパフォーマンススタンダードほか）」

　IFCは、途上国の民間セクター支援を行う世界銀行グループの機関で、民間銀行や民間投資家と協調して民間セクターへ投融資を実施し、また途上国の民間企業や政府に対してコーポレートガバナンスや持続可能性改善、投資環境の整備等に関するアドバイザリーサービス業務の提供を行っている。

　IFCの環境・社会配慮確認の枠組みは、「持続可能性に関する枠組み（Sustainability Framework）」と呼ばれ、2006年に制定され、2012年に改訂されている。同枠組みは図表5－5の3文書で構成される。

　IFCが融資あるいはアドバイザリーを行う民間セクターの顧客に対して遵守を求める、IFC・PSの環境・社会影響配慮項目は図表5－6のとおりであるが、その内容は、第2章⑦「【原則3】適用される環境・社会基準」(4)「『指定国以外の国』に所在するプロジェクトに適当される環境・社会基準」(58～75頁) を参照されたい。

　サステイナビリティ・フレームワークの対象案件は、IFCのアドバイザリーサービス業務を含む全案件である。IFCの通常の案件はカテゴリーA、B、Cに、仲介金融機関が関与する案件はリスクが高い順でFI-1、FI-2、FI-3に分類される。レビュー結果やESIA等の案件関連資料はIFC

図表5-5　持続可能性に関する枠組み（Sustainability Framework）

「環境・社会の持続可能性に関するポリシー（Policy on Environmental and Social Sustainability）」	IFCの環境・社会配慮方針を記したもの
「環境・社会の持続可能性に関するパフォーマンススタンダード（Performance Standards on Environmental and Social Sustainability）」	IFCの投融資先（顧客）の環境・社会リスク影響配慮の責務と配慮するべき内容を記したもの
「情報アクセスポリシー（Access to Information Policy）」	IFCの情報公開・説明責任について記したもの

（出所）　IFCウェブサイト

図表5-6　IFCパフォーマンススタンダード（PS）

第1基準：環境・社会に対するリスクと影響の評価と管理
第2基準：労働者と労働条件
第3基準：資源効率と汚染防止
第4基準：地域社会の衛生・安全・保安
第5基準：土地取得と非自発的移転
第6基準：生物多様性の保全および自然生物資源の持続的利用の管理
第7基準：先住民族
第8基準：文化遺産

（出所）　IFCウェブサイト

の理事会審査前にIFCのウェブサイト上に掲載されるが、カテゴリーA案件は60日間、カテゴリーBおよびC案件については30日間の公開が求められている。FI案件については、理事会審査30日前の情報公開が求められる。

　IFCが関与するプロジェクトについてステークホルダー等が異議申立てを行う場合は、世界銀行グループ総裁の直下機関として設置されている専用窓口（Compliance Advisor Ombudsman）が受け付ける。

(3)　「環境・衛生・安全（EHS）ガイドライン」

　世界銀行グループの環境・衛生・安全ガイドライン（Environmental

図表5-7　環境・衛生・安全（EHS）ガイドライン

一般EHSガイドライン	・「環境」 ・「労働安全衛生」 ・「地域社会の衛生と安全」 ・「建設・廃棄措置」
産業セクター別EHSガイドライン	・「鉱山開発」「石油・ガス開発」「火力発電」等の62の産業セクター

Health and Safety Guidelines、以下「EHSガイドライン」）は、IFC・PSの第2基準「労働者と労働条件」、第3基準「資源効率と汚染防止」、および第4基準「地域社会の衛生・安全・保安」における、予防や管理などの技術を評価・選択する際に参照する、国際的な業界グッドプラクティスを含んだ技術的な手引書と位置づけられている。

　EHSガイドラインには、全ての産業セクターに適用できる一般ガイドライン（General EHS Guidelines）と、産業セクター別ガイドライン（Industry Sector Guidelines）の2種類があり、これらのガイドラインは、全てIFCウェブサイト上で公開されている。

　EHSガイドラインの詳細な内容については、第2章⟨7⟩「【原則3】適用される環境・社会基準」(4)「『指定国以外の国』に所在するプロジェクトに適当される環境・社会基準」（75〜82頁）を参照されたい。

　EHSガイドラインは、IFC・PSが2012年に改訂されたことを受けて、2013年から改訂作業が進められており、今後さまざまな産業セクターについての新規ガイドラインの制定も検討されている。

2 アジア開発銀行

　アジア開発銀行（Asian Development Bank、以下「ADB」）は、アジア・太平洋地域における経済成長および経済協力を助長し、途上国の経済開発に貢献することを目的として1966年に創設された国際開発金融機関である。

　ADBの環境社会ポリシーはセーフガードポリシー（Safeguard Policy Statement：http://www.adb.org/documents/safeguard-policy-statement参照）と呼ばれ、2009年に改訂され、2010年より施行されている。

　現行のセーフガードポリシーは、「非自発的移転ポリシー」「先住民族ポリシー」および「環境ポリシー」を統合した内容となっている。各ポリシーにおいては、ポリシーの目的・適用要件等に加え、プロジェクト実施者が環境・社会影響への配慮として遵守すべき要求事項（セーフガード・リクワイアメント）を規定している。

　ポリシーの適用対象は、ADBによる全ての公的・民間プロジェクトである。ADBの案件は、環境、非自発的移転、および先住民族のそれぞれについて、環境・社会リスクおよび影響の大きさや、投融資の内容によって、A、B、CおよびFI（金融機関に対する、および金融機関を通じた融資）の4つにカテゴリー分類される。ADBウェブサイト上には、ESIAが公開される他、非自発的移転がある場合には「移転計画」が、先住民族が影響を受ける場合には「先住民族計画」が公開される。ADBでは先住民族への配慮に重点が置かれており、先住民族との合意を要する案件については、事業者が影響を受けるコミュニティの幅広い支持（broad community support）を記録し、確認することが求められる。

　ステークホルダーによる案件に対する異議申立てについては、案件自体の苦情処理メカニズムに加え、ADBのアカウンタビリティ・メカニズム（Accountability Mechanism）へ申立てが可能である。アカウンタビリティ・メカニズムに申立てがなされた場合は、ADB総裁が任命する仲介者（ファシリ

図表5−8 「ADBセーフガードポリシー」の主要分野およびその目的

環境に関するセーフガード（environmental safeguards）	（目的）プロジェクトの環境的な健全性と持続可能性を確保し、環境配慮をプロジェクトの意思決定に組み入れる支援をすること
非自発的移転に関するセーフガード（involuntary resettlement safeguards）	（目的）可能な場合は非自発的移転を回避すること。プロジェクトや設計の代替案を探ることによって非自発的移転を最小限にすること。プロジェクト前と比較して実質的に全ての移転住民の生活を向上させる、あるいは少なくとも回復させること。移転した貧困層や他の脆弱な集団の生活水準を改善すること
先住民族に関するセーフガード（Indigenous Peoples safeguards）	（目的）先住民族自身が定義するかたちで、先住民族のアイデンティティ、尊厳、人権、生活様式、そして文化的な独自性に対して完全なる尊重を育成する方法でプロジェクトを計画し実施する。そうすることによって、先住民族は①文化的に適切な社会的および経済的便益を享受し、②プロジェクトの結果として負の影響に苦悩せず、そして③彼らに影響を及ぼすプロジェクトにおいて積極的に参加することができる。

（出所）　ADBウェブサイト

テーター）が影響を受けた住民などを支援する他、コンプライアンス・パネルが組成され、ADBによるポリシー遵守状況が精査されて、理事会に報告される仕組みとなっている。

　ADBのセーフガードポリシーのうち、環境に関する要求事項においては、EPと同様に、世界銀行グループEHSガイドラインを汚染防止や管理技術を検討する際の参照文書として位置づけている。

3　欧州復興開発銀行

　欧州復興開発銀行（European Bank for Reconstruction and Development、以下「EBRD」）は、ベルリンの壁崩壊後の中東欧諸国における市場経済への移行と、民間の企業活動を支援するために、1991年3月に設立された国際開発金融機関である。現在EBRDは、中東欧の旧社会主義国および旧ソ連構成国、中央アジア諸国、およびマグレブ地域の一部をあわせた35カ国の市場経済化・民営化を支援しており、それらの国の民間部門に対する投融資等の業務を行っている。

　EBRDの環境社会ポリシー（Environmental and Social Policy：http://www.

図表5－9　EBRD環境社会ポリシーとIFCパフォーマンススタンダードの比較

EBRD環境社会ポリシー	IFCパフォーマンススタンダード
PR1：環境面及び社会面の影響と問題に関する評価と管理	PS1：環境・社会に対するリスクと影響の評価と管理
PR2：労働者と労働条件	PS2：労働者と労働条件
PR3：汚染防止及び削減	PS3：資源効率と汚染防止
PR4：地域社会の衛生・安全・保安	PS4：地域社会の衛生・安全・保安
PR5：土地取得、非自発的移転及び経済的移転	PS5：土地取得と非自発的移転
PR6：生物多様性保全及び持続可能な天然資源管理	PS6：生物多様性の保全および自然生物資源の持続的利用の管理
PR7：先住民族	PS7：先住民族
PR8：文化財	PS8：文化遺産
PR9：金融仲介者	－
PR10：情報公開及びステークホルダー関与	－

（出所）　EBRDウェブサイト

ebrd.com/who-we-are/our-values/environmental-and-social-policy.html%20参照）は1991年に策定され、2014年に改訂・施行されている。

　EBRDの環境社会ポリシーの対象案件は、EBRDが融資する全案件である。顧客が借入れにあたり「しかるべき期間（reasonable period of time）」で環境社会リスク上遵守すべき項目はPerformance Requirements（PR）と呼ばれる。PRは、IFC・PSと類似した項目を含む図表5－9の10項目が設定されている。

　案件のカテゴリー分類は、A、B、C、FIの4分類を採用するが、このうちカテゴリーA案件については環境社会ポリシーの付属文書に例示が記載されている。EBRDの情報公開ポリシー（Public Information Policy）に基づき、カテゴリーAが付与された場合は、公的セクター案件は理事会審査120日前、民間セクター案件は同60日前にESIAをEBRDウェブサイトおよびプロジェクト所在国のEBRD事務所で公開することが定められている。カテゴリーA以外の案件は、プロジェクト概要に環境社会関連情報が記載され、公的セクターの案件は理事会審査の60日前から、民間セクター案件は同30日前からEBRDウェブサイト上で公開される。

　案件に対する異議申立てには、プロジェクトに対する異議申立メカニズム手続（Project Complaint Mechanism Rules of Procedure）が定められている。

4 輸出信用機関

(1) 経済協力開発機構の「環境コモンアプローチ」

　経済協力開発機構（OECD）は、第2次世界大戦後の欧州復興支援策であるマーシャル・プランを実施するにあたって1948年に設立された欧州経済協力機構（OEEC）を前身とする。その後の欧州の経済復興に伴い、1960年よりカナダと米国をメンバーに加え、自由主義経済の発展を目的とする現在の組織に改組された。

　2013年にOECDは、加盟国の輸出信用機関（ECA）がプロジェクトを支援する際に実施する環境・社会デューデリジェンスの指針となる、環境コモンアプローチ〔Common approaches for officially supported export credits and environmental and social due diligence（THE "Common Approaches"）：http://www.oecd.org/tad/xcred/oecd-recommendations.htm参照〕の改訂について合意し、OECD勧告として発表している。

　OECD加盟国のECAは、OECD環境コモンアプローチや、同アプローチに基づくOECD環境・社会ポリシーに基づき、それぞれの環境社会ガイドラインを制定するなどの方法で環境社会リスク管理を行っている。環境コモンアプローチは2012年に改訂が行われており、改訂の主要ポイントは以下のとおりである。

①　人権および気候変動への取組みを、プロジェクト実施者による環境・社会影響配慮の確認項目として新たに追加
②　プロジェクトファイナンス以外の場合でも、プロジェクトファイナンス類似の案件や協調融資行のうち大部分を融資する銀行がIFC・PSを適用している場合は、従来の世界銀行セーフガードポリシーにかわって、IFC・PSを参照基準として適用
③　（産業セクター別）EHSガイドラインや国際的に認知されたセクター基

準（世界ダム委員会レポート等）を追加的な参照基準とすることを明示
④　環境コモンアプローチの対象案件のうち、輸出信用機関が最終的な意思決定を行ったカテゴリーAおよびB案件は、環境・社会レビューの概要をOECD輸出信用部会に対して報告することになっていることに加えて、今後必要に応じてCO_2予想排出量等に関する情報も報告

このように2012年版環境コモンアプローチでは、IFC・PSの適用範囲の拡大と、EHSガイドラインを技術的参照文書とすることとされており、EPや世界銀行グループの環境・社会ポリシーなどとの調和が進んでいる。

(2)　国際協力銀行の「環境ガイドライン」

国際協力銀行（Japan Bank for International Cooperation、以下「JBIC」）は、わが国の政策に基づいた国際金融（輸出金融、輸入金融、投資金融、事業開発等金融、出資等）業務を担い、発展途上国を中心とした海外インフラプロジェクトや資源・エネルギー等の開発プロジェクト等への投融資を行う。

JBICは投融資を通じて、「日本にとって重要な資源の海外における開発および取得の促進」や「日本の産業の国際競争力の維持および向上」等を支援すると同時に、国際経済社会の発展にファイナンスを通じて協力することを使命とする日本の政府系金融機関である。

「環境社会配慮確認のための国際協力銀行ガイドライン（以下「環境ガイドライン」）」に基づき、JBICの出融資・保証対象プロジェクトの全てに環境ガイドラインは適用され、対象プロジェクトの環境・社会リスクの大きさに応じてカテゴリを付すことが定められている。カテゴリの定義は図表5－10のとおりである。

JBICガイドラインは2009年および2015年の二度の改訂を経て現行版となっている。現行のJBICガイドラインは全体2部構成で、第1部では投融資対象の全てのプロジェクトについて、地域社会や自然環境に与える影響に配慮して事業が行われていることを確認するために、JBICが行う「環境社会配慮確認の手続」とその「判断基準」が示されている。また第2部では、「プロジェクトに求められる環境社会配慮の要件」が述べられている。JBIC

ガイドラインの全体構成と各章の題目については図表5-11のとおりである。

　JBICの環境ガイドラインは、公的輸出信用政策と環境保護政策との一貫性を求めるOECDの環境コモンアプローチをふまえて策定されていることから、2015年に実施された環境ガイドライン改訂においても、OECDの環境コモンアプローチの変更点に関連した改訂がなされている。改訂後のJBICガイドラインでは、投融資および保証対象の「プロジェクトが(i)リミテッドリコースまたはノンリコース(*)のプロジェクトファイナンス案件の場合、(ii)プロジェクトファイナンス類似のストラクチャードファイナンス案件の場合、(iii)プロジェクトの主要な部分を構成する他の金融機関がIFC・PSを採用

図表5-10　JBIC案件カテゴリの定義

	カテゴリの定義
カテゴリA	環境への重大で望ましくない影響のある可能性をもつようなプロジェクト。また、影響が複雑で、先例がなく影響の見積りが困難であるようなプロジェクトもカテゴリAに分類される。原則として、影響を及ぼしやすいセクターのプロジェクト、影響を及ぼしやすい特性をもつプロジェクトおよび影響を受けやすい地域、あるいはその近傍に立地するプロジェクトが含まれる。
カテゴリB	環境への望ましくない影響が、カテゴリAプロジェクトに比して小さいと考えられるプロジェクト。一般的に、影響はサイトそのものにしか及ばず、非可逆的影響は少なく、通常の方策で対応できると考えられるもの
カテゴリC	環境への望ましくない影響が、最小限かあるいは全くないと考えられるプロジェクト
カテゴリFI	当行の融資等が金融仲介者等に対して行われ、当行の融資承諾後に金融仲介者等が具体的なサブプロジェクトの選定や審査を実質的に行い、当行の融資承諾（あるいはプロジェクト審査）前にサブプロジェクトが特定できない場合であり、かつ、そのようなサブプロジェクトが環境への影響をもつことが想定される場合

（出所）　JBICウェブサイト

している場合及び(iv)その他適切と認める場合」には、IFC・PSと適合しているかを確認する。また、「世界銀行グループの環境・衛生・安全に関するガイドライン（EHSガイドライン）の関連部分が存在する場合は、当該関連部分と適合しているかを確認する」とされた。

JBICと民間金融機関は、プロジェクトにかかわる協調融資を組成するうえで協働する関係にあるが、同一プロジェクトの環境・社会影響レビューを実施する際には、JBICは独自の環境ガイドライン、EPFIはEPと、それぞれが異なったガイドラインに準拠して確認することになるが、IFC・PSおよびEHSガイドラインの両方が共通のベースラインとなったことで、環境・社会レビュープロセスの差異は一段と縮小したものと思われる。

今次ガイドライン改訂においては、OECDコモンアプローチの改訂の関連以外にも、JBICの政策金融機関としての役割が反映された変更が実施され

図表5-11　JBIC環境ガイドラインの全体構成

第1部	第2部
・環境社会配慮確認にかかる基本方針 ・ガイドラインの目的・位置付け ・環境社会配慮確認にかかる基本的考え方 ・環境社会配慮確認手続き ・環境社会配慮確認にかかる情報公開 ・意思決定、融資契約等への反映 ・ガイドラインの適切な実施・遵守の確保 ・ガイドラインの適用及び見直し	・対象プロジェクトに求められる環境社会配慮 ・カテゴリAに必要な環境アセスメント報告書 ・一般的に影響を及ぼしやすいセクター・特性及び影響を受けやすい地域の例示一覧 ・スクリーニングに必要な情報 ・チェックリストにおける分類・チェック項目 ・モニタリングを行う項目

(出所)　JBICウェブサイト

(＊)　プロジェクトファイナンスを組成する際には、そのプロジェクトだけを事業目的とする特別目的会社：SPC（Special Purpose Company）を設立し、実際にプロジェクトを推進する企業（スポンサー）がSPCに出資する。プロジェクトの資金調達はこのSPCで行い、SPCに出資するスポンサーは調達資金の返済義務は負わない（ノンリコース）、あるいは限定的な範囲でのみ責任を負う（リミテッドリコース）。

ている。

　具体的には、案件の初期段階や、出資金の資金使途が出資時点では明確に定まっていない場合等でも、出融資判断を先行させ、事後的に環境・社会影響配慮確認を実施することを可能とする旨の手続が新たに追記された。これは、案件の性質上、出融資の判断が必要な時点で環境社会配慮確認に必要な情報を入手できない、例外的な場合に対処するための規定であり、JBICによる支援のニーズと環境社会配慮確認の要請を両立させた変更となっている。

　JBIC環境ガイドラインの情報公開について、重大な環境・社会影響が見込まれるカテゴリA案件においては、「環境社会影響評価報告書の作成に当たり、事前に十分な情報が公開されたうえで、地域住民等のステークホルダーと協議が行われ、協議記録等が作成されなければならない」との義務付条項などが盛り込まれている。

　またJBICでは出融資対象プロジェクトにおける環境社会配慮に関し、情報公開の原則と守秘義務の両立を確保しつつ、出融資検討中のプロジェクトでカテゴリ分類が終了したものや、借入人との間で出融資契約が締結ずみであるプロジェクトについて、個別プロジェクト名を明示したうえでカテゴリや環境レビュー結果の情報開示を行っている。

　一方、異議申立てについてJBICはJBICガイドラインの不遵守に関する異議申立てを受け付け、必要な措置をとることを規定している。異議申立制度の目的は、ガイドラインの遵守・不遵守に係る事実を調査し、結果を経営会議に報告すること、およびガイドラインの不遵守を理由として生じたJBICの出融資等案件に関する具体的な環境・社会問題に係る紛争に関して、迅速な解決のため、当事者の合意に基づき当事者間の対話を促進することとされている。異議申立人の要件は、JBICが融資した「プロジェクトにより現実の直接的な被害を受けたあるいは相当程度の蓋然性で将来被害が発生すると考えられる当該国の2人以上の住民」とされている。

　第3章②「実施手続」(2)d「公的輸出信用機関の環境・社会デューデリジェンスの参照」で述べたとおり、JBICは一部の民間金融機関と、「環境審

査に係る協定書」を締結し、情報提供を行っている。

　JBICと本協定書を締結している金融機関は図表5-12のとおりとなっている。

　なお、わが国の輸出信用機関で、貿易保険サービスを提供する独立行政法人日本貿易保険（Nippon Export and Investment Insurance、以下「NEXI」）も、独自の環境ガイドラインを策定している。NEXIの環境ガイドラインは、業務の特性をふまえつつ策定されているが、その内容はJBICの環境ガイドラインとほぼ同一である。

図表5-12　「環境審査に係る協定書」を締結している金融機関一覧（2015年5月1日時点）

三菱東京UFJ銀行
みずほ銀行
三井住友銀行
シティバンク銀行
ソシエテジェネラル銀行（東京支店）
香港上海銀行（東京支店）
アイエヌジーバンク　エヌ・ヴイ（東京支店）
スタンダードチャータード銀行（東京支店）
ドイツ銀行（東京支店）
ウニクレディト銀行（東京支店）
三井住友海上火災保険
筑波銀行
損害保険ジャパン日本興亜
三井住友信託銀行
クレディ・アグリコル銀行（東京支店）
ビー・エヌ・ピー・パリバ銀行（東京支店）
（注）　JBICウェブサイト上での掲載順。

（出所）　JBICウェブサイト

5 民間銀行等

(1) 欧米民間金融機関の「環境・社会リスク管理ポリシー」

　グローバルベースで事業展開する民間金融機関の多くは、環境・社会リスク管理の専門部署を行内に設置し、EP等の民間金融機関の自主的な枠組みや銀行独自の国際基準に準拠した環境・社会ポリシーを制定し、自行が関与するプロジェクトの融資判断に適用している。

　対象取引は、EPが一定金額以上のプロジェクトファイナンスやプロジェクト紐付きコーポレートローン案件に絞っていることとは対照的に、金額による足切り基準もなく、対象取引も運転資金貸出や市場性取引等にも適用しているケースもある。

　また一部の金融機関では、環境・社会リスクが高いと思われる産業セクターを抽出し、環境社会リスク管理の観点から当該セクターに対する取引方針（セクターポリシー）を策定し、特定の取引（ラムサール湿地等保護地域での開発案件、違法伐採など）については、融資禁止などの制限を敷いているケースもある。

　図表5-13は、EPFIであり、かつ独自のセクターポリシーを有する欧米の民間金融機関4行を選び、そのセクターポリシーの策定状況につき、各金融機関のウェブサイト上で確認し、それを一覧にしたものである。

　図表5-13からは、シェールガス、オイルサンド、パーム油、石炭火力発電、水力発電、パルプ業などの特定分野について、環境・社会リスクが高いとみている金融機関が多いことがわかる。

　このようなセクターポリシーの策定は、NGOや市民団体等の要望を受けて、各金融機関が実際のレビューにおける経験をもとに、さまざまなステークホルダーとの対話を重ねながら積み上げられてきた。

　特定セクター以外にも気候変動や生物多様性あるいは人権といったテーマ

図表 5-13　欧米金融機関のセクターポリシー例（2015年2月末現在）

対象セクター （下列）／ ポリシー名 （右行）	BNPパリバ Sectorial Policies	シティバンク Sector Standards/Review Process/Sector Briefs	HSBC Sustainable Risk Policies	JPモルガン Sensitive Sectors and Activities Requiring Enhanced Review
石油・ガス	○（A）	○（A・B）	○（A）	○（A・B）
金属・鉱業	○	○（C）	○	○（C）
発電・送電	○（D）	○（D・E・F）	○（D・E）	○（D・E）
農業・漁業	○（G）	○（G）	○（G）	○（G）
林業	○（H）	○	○（H）	○

（注）　さらに特定セクターのポリシーが含まれる場合は、表中にアルファベットで記している（A：オイルサンド、B：シェールガス、C：マウンテン・トップ・リムーバル（山頂採掘型の鉱山開発）、D：石炭等化石燃料を含む火力発電、E：水力発電、F：再生エネルギー発電、G：パーム油、H：紙パルプ）。
（出所）　各金融機関ウェブサイト

別のポリシーを設定する金融機関もあり、なかには世界人権宣言や国連「ビジネスと人権に関する指導原則」[*]等への支持を表明しているところもある。

金融機関のなかには、セクターポリシーの策定にとどまらず、特定業界が組成する各種団体に加盟する場合もある。パーム油に係る国際的な認証団体であるRoundtable on Sustainable Palm Oil（RSPO）への加盟のケースでは、加盟金融機関は借入人である顧客がRSPO認証を取得しているか、あるいは取得のためのアクションプラン策定を求めることもあるといわれている。

（*）　アナン国連事務総長（当時）から付託を受けたジョン・G・ラギー大学教授とそのチームが、政府・産業界・労働組合・市民団体等との協議を重ねて策定した、人権とビジネスに関するフレームワーク（いわゆる「ラギー・フレームワーク」）を実施するための原則のこと。詳しくはコラム5「EPと人権」で説明。

(2) 本邦金融機関の「持続可能な社会の形成に向けた金融行動原則」

　わが国の民間金融機関においても、自主的な環境・社会配慮のための行動原則が策定されている。2010年に末吉竹二郎国連環境計画金融イニシアティブ特別顧問を発起人として起草委員会が立ち上がり、自主的に参加した金融持株会社、銀行、信託銀行、協同組織金融機関、証券会社、保険会社、資産運用会社を含む幅広いメンバーによる約1年の議論を経て、2011年10月に「持続可能な社会の形成に向けた金融行動原則（以下「21世紀金融行動原則」）」が制定された。

　同原則に署名している金融機関数は、2015年3月末時点で193機関に達し、署名数で上位を占める業態は地方銀行や地方信用金庫である。ちなみに本書を共同執筆する三行も、21世紀金融行動原則に署名している。その原則の全文は図表5-14のとおりである。

　21世紀金融行動原則は、地球の未来を憂い、持続可能な社会の形成のために必要な責任と役割を果たしたいと考える金融機関の行動指針として策定され、署名金融機関は、業態、規模、地域などに制約されることなく、自らの業務内容をふまえ可能な限り、同原則に基づく取組みを実践することが署名メンバーに期待されている。

　また同原則では、参加金融機関の行動指針として、主要業務別の「ガイドライン」（「運用・証券・投資銀行業務ガイドライン」「保険業務ガイドライン」および「預金・貸出・リース業務ガイドライン」の3つ）をあわせて策定しており、参加金融機関は各事業に関連するガイドラインを参考に、具体的な取組みを行う努力が要求されている。

　EPとの関連では、「預金・貸出・リース業務ガイドライン」が最も多くの共通するベースラインを有していると考えられる。「預金・貸出・リース業務ガイドライン」に署名した金融機関は、国・地方の行政施策と連携した金融商品提供や、地域性を活かしたファイナンスの提供などを行っている他、定期的にワーキンググループ会合を開き、金融商品提供やファイナンスのベ

図表5-14 持続可能な社会の形成に向けた金融行動原則（21世紀金融行動原則）

> 1．自らが果たすべき責任と役割を認識し、予防的アプローチの視点も踏まえ、それぞれの事業を通じ持続可能な社会の形成に向けた最善の取組みを推進する。
> 2．環境産業に代表される「持続可能な社会の形成に寄与する産業」の発展と競争力の向上に資する金融商品・サービスの開発・提供を通じ、持続可能なグローバル社会の形成に貢献する。
> 3．地域の振興と持続可能性の向上の視点に立ち、中小企業などの環境配慮や市民の環境意識の向上、災害への備えやコミュニティ活動をサポートする。
> 4．持続可能な社会の形成には、多様なステークホルダーが連携することが重要と認識し、かかる取組みに自ら参画するだけでなく主体的な役割を担うよう努める。
> 5．環境関連法規の遵守にとどまらず、省資源・省エネルギー等の環境負荷の軽減に積極的に取り組み、サプライヤーにも働き掛けるように努める。
> 6．社会の持続可能性を高める活動が経営的な課題であると認識するとともに、取組みの情報開示に努める。
> 7．上記の取組みを日常業務において積極的に実践するために、環境や社会の問題に対する自社の役職員の意識向上を図る。

（出所）　持続可能な社会の形成に向けた金融行動原則ウェブサイト

ストプラクティスに関する情報共有や環境・社会影響評価のスキル向上を目指している。

　また、大規模な開発案件への融資に取り組む場合には、同ガイドライン署名メンバーは、そのプロジェクトが社会・環境に与える影響を評価し、影響が著しい場合には融資先に対して対策を求めるなど必要な措置を講ずる——といった同ガイドラインに例示されたアプローチで、環境・社会配慮に取り組むことが推奨されている。

　しかしながら、同原則では具体的な環境・社会リスク評価および管理手法、また環境・社会影響を評価するための参照基準等を提示していない。厳密な環境・社会リスク管理のベースラインあるいはフレームワークを確立するためには、金融機関の行動原則に環境・社会配慮確認を内包したEPやその他国際基準のガイドラインやポリシーを導入する必要があると考える。

第5章　EP以外の環境・社会配慮確認の枠組み　209

EPFIの一員としては、21世紀金融行動原則の署名メンバーが、具体的な大規模開発案件への融資に取り組む場合、環境・社会影響配慮の確認プロセスにEPの手法あるいは参照基準を取り入れること、さらにはEP採択についても前向きに検討されることを心より期待している。

コラム11

邦銀の「グローバル化」について思うこと

　本邦金融機関の海外展開は過去着実に進展してきていますが、業務別にみた場合に、グローバルプレーヤーの仲間入りをしたと自信をもっていえるのは、プロジェクトファイナンス等まだまだ少数に限られるのではないでしょうか。

　プロジェクトファイナンスについては、各行の順位を示すリーグテーブルにおいて、2014年は、邦銀が上位3位を独占しました。手前味噌ですが、弊行は3年連続1位の栄冠に輝きました。

　弊行がもう1つ誇りに思っていることは、過去10年間以上にわたってずっとトップ10を維持し続けてきたことです。たとえば欧州勢についていうと、かつては上位を占めていましたが、リーマンショック後に当該業務から退き気味になったこと、その後に欧州危機が起こったこともあって、ここしばらくはランキング的には振るいません。

　プロジェクトファイナンスは、基本的に10年を超える長期の融資案件となるため長期ファンディングが必要になること、通常のコーポレート向け融資と比べるとセカンダリー市場やクレジット・インシュランス市場が十分に整っていないこと等、銀行にとっても当該業務を続けるための「負担」は相応に重いといわざるをえません。

　過去10年を振り返れば、弊行も厳しい環境に直面したことは少なからずありましたが、そうしたなかで当該業務から退かずに踏ん張り、上位プレゼンスを安定して保ってきたことは大きな誇りです。

　プロジェクトファイナンスで安定的に頑張ってきたことは、弊行に限らず邦銀三行に共通していえることです。この背景には、商社やユーティリティ企業等、本邦企業のプレゼンスが高いこと、国際協力銀行をはじめとした国をあげた支援体制があったこと等があげられますが、資源に恵まれないわが国にとって、石油やガスをはじめとしたエネルギー調達は国の利益（ナショナル・インタレスト）に適うという一種のコンセンサスがあり、プロジェクトファイナンスはその一翼を担うとの「思い」が金融機関サイドにもあった点も大きな要因だと思います。

　足許での欧州勢の復活や、プロジェクトの資金調達がバンクローン中心から欧米勢の敷いたボンドマーケットへ推移していくといった環境変化もありますが、邦銀としてもいっそう努力して現在のプレゼンスを維持できればと願って

やみません。

　さて赤道原則（EP）の歴史を振り返れば、この枠組みが2003年に、当時プロジェクトファイナンス・マーケットにおいて主導的立場にあった欧米銀行が中心になって創設されたことは１つ注目すべき点です。

　邦銀も、当時すでにプロジェクトファイナンスにおいて相応のプレゼンスを誇っていましたが、EPの枠組みづくりには加わりませんでした。これは本書にも触れられているとおり、EPの創設が欧米でのNGOから民間金融機関への批判に端を発していることもありますが、邦銀は規模は大きいものの、グローバルにおいて業界をリードするという姿勢がまだまだ十分でなかったのではないかと思います。

　金融機関に限らず、「金は出すが、顔がみえない」という批判はさまざまな日本の活動に対していわれてきたことですが、今後はこうしたグローバルな枠組みを、邦銀としても牽引していく姿勢が求められるでしょう。

　そうしたなかで、2014年、みずほ銀行が邦銀としてはじめてEP協会の運営委員会の議長行に就任したことは大きな一歩といえます。

　EP協会は、EPを採択している金融機関が加盟する一種のグローバルな業界団体であり、こうした協会の代表を邦銀が務めていたことも、邦銀が当該業務においてグローバルプレーヤーの仲間入りをしたと自信をもっていえる１つの証左です。

　グローバルな業界活動をリードすることによって、プロジェクトファイナンスにおける邦銀のプレゼンスはますます確固たるものになるでしょうし、環境社会配慮面でのルールづくりを主導できるようになるというものです。

　金融界全般においては、グローバルなルールづくりという意味ではまだまだ欧米中心の面が強いと思います。プロジェクトファイナンスにおける環境社会配慮のルールづくりをアジアの代表として邦銀が積極的に主導していく――これは、本邦の産業界からも期待されていることだと思いますし、邦銀三行の役割は大きいと思っています。

　邦銀三行が積極的にアジアの金融機関のニーズをヒアリングし、EPに反映させていく。そうした働き掛けによってアジアの加盟行が増えてくればと期待しています。

　邦銀でもEPを採択しているのはメガ三行だけですが、他の邦銀の採択も増えてくれば心強い限りです。

　邦銀のグローバル化は避けて通れませんし、EPの基本的な考え方は、グローバルに業務を展開していくうえで格好の「教科書」になると思います。

この本の出版がきっかけになって、環境・社会配慮審査における本邦での注目が高まることを願っています。

（三菱東京UFJ銀行　柴田　浩史）

第6章

EPの発展に向けて

EPを取り巻く外部環境は大きく変化している。

発展途上国や新興国では、急速な経済発展と都市人口の増加による社会インフラ整備のニーズがあり、ヨーロッパをはじめとする先進国では老朽化した社会インフラの更新ニーズが拡大している[*1、2]。

しかしながら、慢性的な財政資金不足により、新興国でも先進国でもインフラ整備は大幅に遅れているといわれている。そこでインフラ整備に民間資金を活用する官民連携パートナーシップ（Public Private Partnership、PPP）やプライベート・ファイナンス・イニシアティブ（Private Finance Initiative、PFI）といった手法が今後ますます広がっていくものと考えられる。そうなれば、EPに則って環境・社会配慮の確認をしなければならないプロジェクト件数も増加する。

その一方で、環境・社会問題への関心は世界的にますます高まっている。その関心の対象も、公害や工場における労働環境といった地域的な問題から、気候変動問題やグローバルサプライチェーンにおける人権問題など、地球規模の問題へと広がっている。

プロジェクト実施者は、プロジェクトが引き起こす環境問題や社会問題について、より慎重な対応が求められており、その対応を誤れば国際社会から厳しい批判を浴びることになる。そして、そのファイナンスを担う金融機関も融資を行う際に環境・社会配慮をきちんと確認したのか問われるため、環境・社会リスク管理能力・体制の向上および強化が求められている。

本最終章では、EPの今後の課題についていくつかのポイントをあげてみたい。

(＊1) 総務省「ICT 産業のグローバル戦略に係る成功要因及び今後の方向性に関する調査研究」（2014年）によれば、全世界のインフラ需要は、2012年時点で「1.3兆ドルを超える規模」とされる。

(＊2) 「OECD Infrastructure to 2030（Vol.2）: Mapping Policy for Electricity, Water and Transport」（2007年）によれば、2000年から2030年までの30年間における全世界のインフラ需要は累積で70兆ドル、単純年平均では2.3兆ドルにのぼると予想されている。

(1) EP適用範囲の拡大

a 金額基準の見直し

　2013年6月に発効したEP第3版において、従来のプロジェクトファイナンスに加えて、プロジェクト紐付きコーポレートローン（以下「PRCL」）もEPの適用対象に入った。

　プロジェクトファイナンスはプロジェクト投資総額で1,000万米ドル以上であるのに対し、PRCLでは総融資額で1億米ドル以上がEP適用対象となる。これは、まずは環境・社会リスクが大きいと想定される大規模プロジェクト、すなわち融資額の大きいプロジェクトから適用するという考えのもと、金額基準が決まった経緯がある。

　しかしながら、PRCLやプロジェクトファイナンスといった融資形態の違いによって、プロジェクトの環境・社会に対するリスクと影響は変わらない。次回のEP改訂時にはPRCLの金額基準をプロジェクトファイナンスと同水準に引き下げることの検討が必要と考える。

b 適用する金融サービスの拡大

　現在のEP適用対象は、プロジェクトファイナンスとPRCLなどの融資（およびそのアドバイザリー業務）に限定されている。しかし近年資金調達方法の1つとして、特定プロジェクトに紐付いた事業債（プロジェクトボンド）の活用が注目されている。

　たとえば、EPを採択している金融機関（以下「EPFI」）がプロジェクトボンドの引受業務を行う場合、プロジェクトに起因する環境・社会リスクについて、プロジェクト実施者が適切に配慮していることを確認する責任が、融資の場合と同様にあると思われるため、プロジェクトボンドをEP適用範囲に含めることの検討が必要と考える。

(2) EP採択金融機関の拡大

　EPは、民間金融機関を中心とした環境・社会リスク管理の事実上のグローバルスタンダードとして、十分に認識されており、2015年12月末時点で世界82の金融機関が採択している。しかしながら、アジアやアフリカの参加金融機関は少ない。特にアジア地域ではまだ7金融機関（日本3、台湾2、中国とインド各1）にとどまっている。

　邦銀三行は、アジアで開催されたセミナーでの講演やアジアの銀行との意見交換等を通じて、EPの普及活動を行っている。これはアジアの採択金融機関が増えれば、この地域におけるプロジェクト実施者の間でも環境・社会配慮の重要性についての認識はいっそう高まることが期待されるからだ。

　この普及活動の結果、アジアの金融機関の間では環境・社会リスク管理の重要性の認識が高まっているが、EP採択にあたっては人員を含む体制整備、およびそれにかかわる時間とコストを要することが課題の1つとなっている。アジアで採択行を増やすためには、体制整備や実務面での具体的なアドバイスやサポートを行っていくことが重要である。

　EP普及活動という点では、2014年5月から1年間、みずほ銀行がEP協会の議長行を務めたことは大きな意義があった。アジア・オセアニア地域からは初めての議長行だったことから、アジアの金融機関のEPへの関心をあらためて呼び起こす効果をもたらし、その結果、2015年3月に台湾から初のEPFIが誕生することにつながった。

(3) EPの発展とEPFIの責務

　生物多様性や気候変動などの環境問題や、人権に代表される社会問題などの課題に取り組むことは、社会の一員である金融機関の責務である。

　EPは、環境・社会影響配慮とその確認にかかわる要求事項を定めたフレームワークであり、実質的な基準はIFCのパフォーマンススタンダードやEHSガイドラインなど外部の国際基準を参照する。そのため、外部環境の変化や新たに発生するグローバルに取り組むべき課題などに対して柔軟に対

応できるという特徴がある。

　またEPは、プロジェクト実施者と金融機関が、地域住民をはじめとするステークホルダーの協力を得ながら、持続可能な発展に貢献するという社会的責任を果たすためのベースラインでもある。

　EPを共通のベースラインおよびフレームワークとしてよりよく機能させるために、EPFIはIFCなどの国際開発金融機関やステークホルダーとの協力関係を深めながら経験と知見を広げ、環境・社会リスク管理の体制を強化し、その能力を向上させていかなければならない。

　われわれはEPFIとして、EPを環境や社会のさまざまな課題を解決するツールとしていっそう発展させ、同時にEPFI数の拡大やEPを広く浸透させる普及活動を通じて、これからも社会の持続可能な発展に貢献したいと考える。

【参考文献】

- 世界銀行ウェブサイト（http://www.worldbank.org）:"Irrigation Project-Narmada River Development（Gujarat）Sardar Sarovar Dam and Power"
- 亀山康子「COPにおける議論の状況と今後の進展」環境科学会2014年会シンポジウム8「IPCC第5次報告書の公表と2030年削減目標」（2014年9月19日）
- 環境省ウェブサイト（http://www.env.go.jp）:「気候変動に関する政府間パネル（IPCC）第5次評価報告書（AR5）について」
- 日本弁護士連合会「人権デュー・ディリジェンスのためのガイダンス（手引）」（2015年1月）
- 海野みづえ『新興国ビジネスと人権リスク：国連原則と事例から考える企業の社会的責任（CSR）』現代人文社（2014年）
- 総務省「ICT産業のグローバル戦略に係る成功要因及び今後の方向性に関する調査研究」（2014年）
- 「OECD Infrastructure to 2030（Vol.2）: Mapping Policy for Electricity, Water and Transport」（2007年）

エクエーター原則／赤道原則
2013年6月

エクエーター原則／赤道原則
2013年6月

プロジェクトにおける環境・社会リスクを
特定、評価、管理するための金融業界基準

www.equator-principles.com

エクエーター原則／赤道原則の日本語訳についてのおことわり

本文書は、原文である"THE EQUATOR PRINCIPLES JUNE 2013"の日本語訳であり、正文はあくまでも原文（英文）です。

日本語訳の作成にあたっては、十分な注意を払っておりますが、その内容の完全性、正確性、安全性、有用性、特定目的への整合性については、いかなる保証も行うものではありません。利用者がかかる日本語訳を利用することにより被るいかなる損害についてもエクエーター原則／赤道原則協会は、一切の責任を負いません。予めご了承ください。

公開：2014年1月
改訂：2015年9月

（和訳注）
・エクエーター原則／赤道原則（Equator Principles：EP）
・エクエーター原則／赤道原則採択金融機関（Equator Principles Financial Institution：EPFI）

目 次

Ⅰ．前文 ……………………………………………………………………… 224
Ⅱ．適用範囲 ………………………………………………………………… 225
Ⅲ．アプローチ ……………………………………………………………… 226
Ⅳ．原則 ……………………………………………………………………… 227
　原則 1：レビュー、およびカテゴリー付与 …………………………… 227
　原則 2：環境・社会アセスメント ……………………………………… 228
　原則 3：適用される環境・社会基準 …………………………………… 228
　原則 4：環境・社会マネジメントシステムと、エクエーター原則／赤道原則
　　　　　アクションプラン …………………………………………… 229
　原則 5：ステークホルダー・エンゲージメント ……………………… 230
　原則 6：苦情処理メカニズム …………………………………………… 231
　原則 7：独立した環境・社会コンサルタントによるレビュー ……… 231
　原則 8：誓約条項（コベナンツ） ……………………………………… 232
　原則 9：独立した環境・社会コンサルタントによるモニタリングと報告の検
　　　　　証 …………………………………………………………………… 233
　原則10：情報開示と透明性 ……………………………………………… 234
Ⅴ．免責条項 ………………………………………………………………… 234
付属書（Annexes）エクエーター原則／赤道原則適用に関する要求事項 ……… 235
　（注）　この付属書に詳述される適用に関する要求事項は、エクエーター原
　　　　則／赤道原則にとって不可欠なものであり、エクエーター原則／赤道原
　　　　則採択金融機関が遵守すべき必須の項目である。
　付属書A－気候変動：代替案分析、温室効果ガス排出量の算定と情報開示 … 235
　付属書B－エクエーター原則／赤道原則採択金融機関による情報開示要件 … 236
別紙（Exhibit）補足情報 …………………………………………………… 238
　別紙Ⅰ　用語集 …………………………………………………………… 238
　別紙Ⅱ　環境・社会アセスメント文書に記載すべき、潜在的な環境・社会問
　　　　　題についての参考リスト …………………………………… 245
　別紙Ⅲ　環境・社会の持続性可能性に関するIFCパフォーマンススタンダー
　　　　　ドと、世界銀行グループの環境・衛生・安全に関するガイドライン … 246

I. 前文

大規模なインフラおよび産業に係わるプロジェクトは、人および環境に負の影響を及ぼす可能性がある。我々（金融機関）は資金の貸し手として、また資金調達に関するアドバイザーとして、継続的に顧客と協力して環境・社会に対するリスクと影響を体系的に特定し、評価し、管理する。そのような協働は、持続可能な環境および社会の発展を促進し、より進化した金融、環境および社会的成果をもたらすであろう。

我々EPFIは、我々が融資とアドバイスを行うプロジェクトが社会的責任を果たし、健全な環境管理方法に従って進行することを確実にするためにEPを採択した。我々は、気候変動問題、生物多様性および人権の重要性を認識しており、プロジェクトがもたらす生態系・地域社会・気候への負の影響は、可能な限り回避されるべきであると信じる。これらへの負の影響が回避できないのであれば、それらは最小化され、緩和され、またはオフセットされるべきである。

EPの採択とその遵守は、当該プロジェクトによって影響を受ける地域社会（Affected Communities）に対する顧客の取り組みを通じて、我々自身と顧客、地元のステークホルダーに大きな恩恵をもたらすものと考える。したがって我々は、EPに則ったデューデリジェンス[1]を実施することで、金融機関という役割を通じて責任ある環境管理と人権尊重を含めた社会的に責任ある開発を推進する機会を与えられた、と認識する。

EPの目的は、共通のベースラインおよび枠組みとして機能することである。我々はEPを、プロジェクト関連の融資に係る各行の環境・社会配慮のための社内方針、手順、基準に組み入れることを約束する。我々は、顧客がEPを遵守しない、または遵守出来ないプロジェクトに対してはプロジェクトファイナンスもしくはプロジェクト紐付きコーポレートローン（Project-Related Corporate Loan：PRCL）を提供しない。プロジェクトの初期段階で提供されるブリッジローン（Bridge Loan）とプロジェクトファイナンス・アドバイザリーサービス（Project Finance Advisory Services：FA業務）の場合、我々は顧客がEPを遵守する意向を明確に伝えることを求める。

---

[1] 「ビジネスと人権に関する指導原則：国際連合『保護、尊重及び救済』枠組実施のために」（英文名："Guiding Principles on Business and Human Rights：Implementing the United Nations 'Protect, Respect and Remedy' Framework"）参照

EPFIはEPの実施経験、継続的な学習や新しいグッド・プラクティスなどをEPに反映するために、その内容を適宜再検討する。

Ⅱ．適用範囲

EPは、全ての国・地域、かつ全ての産業セクターが適用対象である。

EPは、新規プロジェクトに関して以下の4つの金融商品・業務に対して適用される。

1. プロジェクトファイナンス・アドバイザリーサービス（FA業務）。プロジェクト総額が1,000万米ドル以上の全ての案件。
2. プロジェクトファイナンス。プロジェクト総額1,000万米ドル以上の全ての案件。
3. プロジェクト紐付きコーポレートローン（PRCL）[2]（バイヤーズクレジット（Buyer Credit）型の輸出金融〈Export Finance〉を含む）。以下4つの条件を全て満たす場合。

    ⅰ．借入額の過半が、顧客が当該プロジェクトの実質的な支配権（Effective Operational Control）を（直接的または間接的に）有する単一のプロジェクト関連向けである。
    ⅱ．総借入額が1億米ドル以上。
    ⅲ．そのEPFIのコミット額（シンジケーション組成もしくはセルダウン前）が5,000万米ドル以上。
    ⅳ．貸出期間が2年以上。

4. ブリッジローン。貸出期間2年未満で、上述条件を満たすプロジェクトファイナンス、もしくはPRCLによってリファイナンスされることを意図したもの。

---

[2] プロジェクト紐付きコーポレートローンは、サプライヤーズクレジット（Supplier Credit）型の輸出金融は除外する（顧客が実質的な支配権を持たないため）。さらに、アセットファイナンス（Asset Finance）、買取ファイナンス、ヘッジ取引、リース、信用状取引、一般資金、会社の操業維持を目的とした一般運転資金も除外する。

EPは遡及適用されない。しかし、既存設備の拡張・改修によって、規模あるいは目的の変更が重大な環境・社会に対するリスクと影響を生み出す可能性がある場合、または既存の影響の内容または程度を大きく変える可能性がある場合、EPFIはこれをEPの適用対象とする。

Ⅲ．アプローチ

プロジェクトファイナンスとプロジェクト紐付きコーポレートローン（PRCL）

EPFIは、原則 1 ～原則10の要件を満たす案件にのみ、プロジェクトファイナンスおよびPRCLを提供する。

プロジェクトファイナンス・アドバイザリーサービス（FA業務）とブリッジローン

EPFIがFA業務を提供する場合、もしくはブリッジローンを提供する場合、EPFIは当該プロジェクトに関して顧客にEPの内容、EPの適用、メリットなどについて理解させる。EPFIは、顧客が後に長期資金を調達する場合、EPの要求事項を満たす意思があることを表明するよう求める。EPFIは顧客がEPを適用する段階まで、顧客を導き、サポートする。

（原則 1 で定義される）カテゴリーAもしくはカテゴリーBを付与されたプロジェクト向けのブリッジローンについては、該当する場合は以下の要件が適用される。プロジェクトがまだ調査段階で、貸出期間中に環境・社会への影響が生じないと見込まれる場合、EPFIは顧客が環境・社会アセスメント（Environmental and Social Assessment）を実施することを確認する。アセスメント文書（Assessment Documentation）が作成済みで、プロジェクトが貸出期間中に実際に始まると見込まれる場合、EPFIは必要に応じて、顧客と協働して独立した環境・社会コンサルタント（Independent Environmental and Social Consultant）を指名し、（原則 7 に定める）独立したレビュー（Independent Review）を開始するための業務範囲の設定を検討する。

情報共有

マンデートを取得したEPFI（Mandated Equator Principles Financial Institution）

は、業務秘密保持制約や然るべき法律・規制を考慮しつつ、EPを整合性がとれた形で適用することのみを目的として、他のマンデートを取得した金融機関（Mandated Financial Institution）と関連する環境・社会に関する情報を必要に応じて共有する。また、この情報共有は、競合上取り扱いに注意を要する情報は共有対象としない。（「適用範囲」で定義された）金融商品・業務の提供可否および条件等の一切の判断は各EPFIそれぞれのリスク管理方針に応じてなされる。案件を検討しているEPFIは時間的な制約のため、他の全ての金融機関が正式にマンデートを取得する前に、上記のような情報共有についての許可を顧客に求めることもありうる。EPFIは、顧客がその許可をするものと想定している。

Ⅳ．原則

原則１：レビュー、およびカテゴリー付与

プロジェクトに対する融資を打診された場合、EPFIはそのプロジェクトにカテゴリーを付与する。カテゴリーは、潜在的な環境・社会に対するリスクと影響の大きさに応じて、社内の環境・社会レビューおよびデューデリジェンスの一環として付与される。このスクリーニングは、国際金融公社（IFC）の環境・社会カテゴリー付与のプロセスに基づく。

カテゴリー付与により、EPFIの環境・社会デューデリジェンスは、プロジェクトの性質、規模、段階、および環境・社会に対するリスクと影響の大きさに見合ったものとなる。

カテゴリーは以下のとおり：

カテゴリーＡ　－　環境・社会に対して重大な負の潜在的リスク、または、影響を及ぼす可能性があり、そのリスクと影響が多様、回復不能、または前例がないプロジェクト。

カテゴリーＢ　－　環境・社会に対して限定的な潜在的リスク、または、影響を及ぼす可能性があり、そのリスクと影響の発生件数が少なく、概してその立地に限定され、多くの場合は回復可能であり、かつ、緩和策によって容易に対処可能なプロジェクト。

カテゴリーC － 環境・社会に対しての負のリスク、または、影響が最小限、または全くないプロジェクト。

原則２：環境・社会アセスメント

カテゴリーAもしくはカテゴリーBを付与された全てのプロジェクトについて、EPFIは顧客に対し、アセスメント（Assessment）を実施することを求める。アセスメントは計画されたプロジェクトに関連する環境・社会に対するリスクと影響に対処するため、EPFIの要求を満たすように実施される（別紙IIのリストに記載のある事項を含むこともある）。アセスメント文書はプロジェクトの性質と規模に応じた適切な方法で負の影響を最小化し、緩和し、オフセットする手段を提案する。

アセスメント文書は、顧客・コンサルタント・外部専門家のいずれかによって作成されるかに係わらず、環境・社会に対するリスクと影響を適切に、正確に、客観的に評価・提示する。カテゴリーAのプロジェクトと、カテゴリーBのうち必要とされるプロジェクトについてのアセスメント文書には、環境・社会影響評価書（Environmental and Social Impact Assessment：ESIA）が含まれる。追加的に専門的な調査が必要となる場合もある。さらに、特定のハイリスクとみられる状況下では、顧客は、アセスメント文書に加えて、固有の人権課題についてデューデリジェンスを行うのが適切な場合もある。またカテゴリーBのプロジェクトのうち、アセスメント文書にESIAを必要としないプロジェクトについては、限定的または調査対象を絞った環境または社会アセスメント（たとえば、検査）が、あるいは環境立地基準、汚染基準、設計基準、建築基準といった基準を直接に適用することもある。

全てのプロジェクトについて、所在地に関係なく、スコープ１（Scope 1 Emissions）とスコープ２（Scope 2 Emissions）合計の温室効果ガス排出量がCO_2換算で年間10万トン超になると見込まれるプロジェクトについては代替案分析を実施する。これは、温室効果ガス排出量がより少ない他の選択肢についても評価するためである。代替案分析に関する要件については付属書Aを参照のこと。

原則３：適用される環境・社会基準

アセスメントのプロセスにおいては、第一に、プロジェクト所在国の環境・社会問題関連法規制、許認可の遵守状況を示さなければならない。

EPFIは多様な市場で活動する。その中には、市民と自然環境を守るための確固たる環境・社会に関するガバナンス、法制度、組織を有するところもあれば、中にはまだ環境・社会問題を管理するための技術的・組織的な能力が発展途上段階のところもある。

EPFIは、アセスメントのプロセスにおいては、以下の適用基準の遵守について評価するよう求める。

1. 「指定国以外の国」(Non-Designated Countries)に立地するプロジェクト：アセスメントのプロセスにおいて、プロジェクトがその時点のIFCパフォーマンススタンダード（"IFC Performance Standards on Environmental and Social Sustainability"）と、世界銀行グループの環境・衛生・安全（EHS）ガイドライン（"World Bank Group Environmental, Health and Safety Guidelines"、別紙Ⅲ参照）の基準を満たしているかを評価すること。

2. 「指定国」(Designated Countries)に立地するプロジェクト：アセスメントのプロセスにおいて、プロジェクトがその国の環境・社会関連法規制、許認可などを遵守していることを評価する。プロジェクト所在国の法律は、原則2の環境・社会アセスメント、原則4のマネジメントシステムとアクションプラン、原則5のステークホルダー・エンゲージメント、原則6の苦情処理メカニズム、の要求基準を満たしている。

アセスメントのプロセスは、EPFIが納得できるように、そのプロジェクトが適用基準を遵守しているか、あるいはその基準から乖離する場合、EPFIが許容できる範囲におさまっていることを確認する。上記の適用基準は、EPFIの最低要求水準を表す。EPFIは自社の判断において追加的な基準を適用することができる。

原則4：環境・社会マネジメントシステムと、エクエーター原則／赤道原則アクションプラン

カテゴリーAもしくはカテゴリーBを付与された全てのプロジェクトについて、EPFIは顧客に対して環境・社会マネジメントシステム（Environmental and Social Management System：ESMS）を構築し、維持運用することを求める。

さらに顧客は、アセスメントのプロセスによって提起された課題に対し、適用基準

の遵守に必要な対策を導入するための環境・社会マネジメントプラン（Environmental and Social Management Plan：ESMP）を準備する。適用基準が、EPFIが納得するように満たされない場合、顧客とEPFIはEPアクションプラン（Equator Principles Action Plan）について合意する。EPアクションプランは、適用基準に沿ったEPFIの要求に満たない点とそれを満たすための顧客のコミットメントをまとめたものである。

原則5：ステークホルダー・エンゲージメント

カテゴリーAもしくはカテゴリーBを付与された全てのプロジェクトについて、EPFIは顧客が、影響を受ける地域社会、および必要に応じてその他のステークホルダー（Other Stakeholders）に対して、効果的なステークホルダー・エンゲージメント（Stakeholder Engagement）を体系的にかつ文化的に適切な方法で継続的に実施することを求める。プロジェクトが、影響を受ける地域社会に対して大きな負の影響を与える可能性がある時、顧客は影響を受ける地域社会に対して十分な情報を提供した上での協議と参画（Informed Consultation and Participation）のプロセスを取る。顧客は、プロジェクトのリスクと影響、プロジェクトの開発段階、影響を受ける地域社会が望む言語、地域社会の意思決定プロセス、不利な条件におかれた、あるいは社会的に弱い立場のグループ、の必要に応じながら協議プロセスを調整する。この過程において外部からの操作、干渉、強制、脅迫などがあってはならない。

ステークホルダー・エンゲージメントを促すため、顧客はプロジェクトのリスクと影響に応じて適切なアセスメント文書を、影響を受ける地域社会と必要に応じて他のステークホルダーが、現地語で文化的に適切な方法で容易に入手できるようにする。

顧客は、合意された全ての対策を含むステークホルダー・エンゲージメントのプロセスの結果を考慮し、記録する。環境・社会に対するリスクと負の影響があるプロジェクトの情報はアセスメントの初期段階、遅くともプロジェクトの建設が始まる前には必ず開示され、かつその後も継続的に開示されなければならない。

EPFIは、プロジェクトの影響を受ける地域社会の中で、先住民族は脆弱な立場にある可能性があると認識する。プロジェクトの影響を受ける先住民族は、十分な情報提供を受けた上での協議と参画プロセスの対象である。それらのプロジェクトは

プロジェクト所在国の先住民族の権利と保護にかかる当該国の法律、および当該国が国際法に則り履行する義務を負う法律を遵守しなければならない。原則3の定義に該当する場合で、IFCパフォーマンススタンダード第7基準にある特別な状況下では、先住民に対して負の影響のあるプロジェクトは、先住民の自由意志による、事前の十分な情報に基づく合意（Free, Prior, and Informed Consent：FPIC）[3]が必要である。

原則6：苦情処理メカニズム

全てのカテゴリーAのプロジェクトと、カテゴリーBプロジェクトのうち必要とされるプロジェクトについて、EPFIは、ESMSの一環として顧客が苦情処理メカニズムを構築することを要求する。これは、プロジェクトによるこれまでの環境・社会面の配慮についての懸念と苦情を受け付け、問題解決に努めることが目的である。

苦情処理メカニズムは、プロジェクトのリスクと負の影響の度合いに応じて構築され、影響を受ける地域社会が主たる利用者となる。文化的に適切で、直ちに利用可能な手順を利用した無料でわかりやすくて透明性が高く、懸念事項を最初に提起した者がコストを負担させられることや報復を受けることのない協議プロセスを通じて、懸念事項を速やかに解消するように努める仕組みである。このメカニズムがあるからといって、司法または行政による救済措置を利用することが妨げられてはならない。顧客は、影響を受ける地域社会に対し、ステークホルダー・エンゲージメントのプロセスの一環としてこのメカニズムについて周知する。

原則7：独立した環境・社会コンサルタントによるレビュー

プロジェクトファイナンスの場合

全てのカテゴリーAのプロジェクトと、カテゴリーBプロジェクトのうち必要とさ

---

[3] FPICについて全世界的に受け入れられた定義は存在しない。FPICは顧客と影響を受ける先住民族のコミュニティーの間での善意ある交渉を通じて、情報を得た上での協議と参画を一層拡大し、判断について先住民族の意味ある参加を確実にし、合意を得ることに焦点を当てる。FPICは影響を受ける先住民族全員の合意を必要とするものではなく、個人もしくは少数グループに拒否権を与えるものではない。顧客に対してはコントロールできない事柄について同意することは求めない。FPICを達成するための手順はIFCパフォーマンススタンダードの第7基準に記載されている。

れるプロジェクトについて、EPFIのデューデリジェンスを補完し、EPの遵守状況を評価するために、顧客と直接関係のない独立した環境・社会コンサルタントが、ESMP、ESMS、ステークホルダー・エンゲージメントのプロセスを記録した文書を含むアセスメント文書の独立したレビューを行う。

また、独立した環境・社会コンサルタントは、プロジェクトがEPを遵守できるよう、適切なEPアクションプランを提案するか見解を示す。あるいは遵守できない場合はその指摘をする。

プロジェクト紐付きコーポレートローン（PRCL）の場合

以下の条件を含む（ただし、以下に限定されるものではない）高リスクの影響が懸念されるプロジェクトに関して、独立した環境・社会コンサルタントによる独立したレビューが求められる。

- 先住民族に対する負の影響がある場合
- 非常に重要な生息地（Critical Habitats）への影響がある場合
- 文化遺産への重大な影響がある場合
- 大規模な住民移転を伴う場合

その他のカテゴリーA、およびカテゴリーBのうち必要とされるプロジェクトに対するPRCLについては、EPFIは独立した環境・社会コンサルタントによるレビューが適切か、あるいはEPFIの行内的なレビューで十分かどうかを決定できる。またこの決定に際し、国際開発金融機関、あるいはOECDのECA（輸出信用機関）がデューデリジェンスを実施している場合、その結果を考慮に入れることも可能である。

原則8：誓約条項（コベナンツ）

EPの重要な強みは、同原則の遵守に関連するコベナンツを盛り込むことである。

顧客は、全てのプロジェクトについて、環境・社会関連法規制、許認可を全ての重要項目において遵守することを融資契約書に盛り込む。

さらに、カテゴリーAもしくはBを付与された全てのプロジェクトについて、顧客

は以下のコベナンツを融資契約書に盛り込む。

　a）プロジェクトの建設と操業期間を通じて、顧客は全ての重要事項に関し、ESMPと、（適用される場合は）EPアクションプランを遵守する。

　b）顧客は、社内スタッフまたは第三者の専門家によって作成される定期報告書を、EPFIと合意した様式で提出する（報告頻度は、影響の大きさに見合ったもの、または法律の定めに従うものとするが、少なくとも年一回以上とする）。その定期報告書は、(i) ESMPと（作成される場合は）EPアクションプランの遵守状況、(ii) 環境・社会に関するその地域、州、国の環境・社会に関する法、規制、許認可の遵守状況について記載する。

　c）顧客は、廃棄計画が作成された場合、必要に応じて合意した廃棄計画に従って、施設を廃棄する。

顧客が環境・社会に関するコベナンツを遵守していない場合、EPFIは、可能な限りコベナンツの遵守を回復するよう、改善策について顧客と協力する。また、顧客が、合意された猶予期間中に、コベナンツの遵守を回復できない場合、EPFIは、適切と判断する改善策を実行する権利を保持する。

原則9：独立した環境・社会コンサルタントによるモニタリングと報告の検証

プロジェクトファイナンスの場合

全てのカテゴリーAのプロジェクトと、カテゴリーBプロジェクトのうち必要とされるプロジェクトについて、フィナンシャル・クローズ（Financial Close）から貸出期限までに渡り、プロジェクトがEPを遵守していることを確認し、モニタリングと報告が継続的に確実に実行されるよう、EPFIは顧客に対し、顧客からEPFIに提供されるモニタリング情報を検証するために、①独立した環境・社会コンサルタントの任命、あるいは、②資格を有する経験豊富な外部専門家を雇うこと、を求める。

プロジェクト紐付きコーポレートローン（PRCL）の場合

原則7で定める独立したレビューが必要なプロジェクトの場合、EPFIは顧客に対

し、顧客からEPFIに提供されるモニタリング情報を検証するために、①フィナンシャル・クローズ後も独立した環境・社会コンサルタントを任命する、あるいは、②資格を有する経験豊富な外部専門家を雇うこと、を求める。

原則10：情報開示と透明性

顧客に対して求める情報開示要件

原則5に定める情報開示要件に加えて、以下を顧客に対して情報開示するよう求める。

全てのカテゴリーAのプロジェクトと、カテゴリーBプロジェクトのうち必要とされるプロジェクトについて：

- 顧客は、ESIAの少なくとも要約を、オンライン上で開示することを確約する[4]。
- 顧客は、プロジェクト操業期間中の温室効果ガス（GHG）排出量がCO_2換算で年間10万トン超の場合（スコープ1とスコープ2の合計）、そのGHG排出量を公表する。GHG排出量の公表についての詳細は付属書Aを参照。

EPFIに求める情報開示要件

EPFIは、守秘義務を適切に考慮した上で、少なくとも年に1回、フィナンシャル・クローズした案件およびEPの実施プロセスや実績について公表する。EPFIは、付属書Bに記載されている情報開示要件に従って公表する。

V. 免責条項

EPは、個別金融機関の国内の環境・社会に関する方針・手順および実務を策定するためのベースラインおよび枠組みである。EPは、いかなる個人、公的機関または私企業に、いかなる権利や債務も生じさせるものではない。金融機関は、自主的に、かつ独立してEPを採択し実施するもので、IFCや世界銀行グループ、EP協会（Equator Principles Association）、あるいは他のEPFIに依存することも訴求する

---

[4] 顧客がインターネットへのアクセスを持たない場合は除く。

こともない。適用する法律・規制と、EPで定める要求事項とが明らかに相容れない場合、現地国法・規制が優先する。

付属書　エクエーター原則／赤道原則適用に関する要求事項

付属書A　－　気候変動：代替案分析、温室効果ガス排出量の算定と情報開示

代替案分析

代替案分析は、プロジェクトの設計・建設・操業の各期間を通してプロジェクト関連の温室効果ガス排出量を削減する、技術的・採算的に実行可能で費用対効果の高い選択肢について評価する。

スコープ1基準の排出については、代替案分析は、該当する場合は、代替可能な燃料やエネルギー源についての検討を含む。代替案分析が当局の許認可プロセスで求められる場合は、そのプロセスの要求に沿った手順と時間軸に従う。高炭素セクターのプロジェクトの場合、代替案分析は、採用した技術について、相対的なエネルギー効率性を含めてその国・地域の同業種で使用されている他の実行可能な技術との比較分析も含む。

高炭素セクターは、世界銀行グループのEHSガイドラインに概説されている、以下のセクターを含む　－　火力発電、セメント・石灰製造業、一貫製鉄所、ベースメタルの製錬業・精錬業、鋳造業。

代替案分析後、顧客は適切な文書を作成し、各選択肢が技術的・採算的に実行可能で費用対効果の高いものであることを示すエビデンスを提供する。これは適用される基準（例えばIFCパフォーマンススタンダード第3項）の要求水準を修正する、あるいは緩和するものではない。

排出量算定と情報開示

温室効果ガス排出量の算定は、例えば温室効果ガスプロトコル（GHG Protocol）のような国際的に認知された方法やグッド・プラクティスに従い顧客が行う。顧客はスコープ1とスコープ2の排出量を算定する。

EPFIは、顧客に対して、操業期間中に温室効果ガス排出量がCO_2換算で年間10万トンを超えるプロジェクトについて、温室効果ガス排出量（スコープ１とスコープ２の合計）を公開することを求める。また、年間排出量が（CO_2換算で）２万5,000トンを超えるプロジェクトについても、排出量を公表するよう促す。情報開示に関する要求事項は、当局によって報告が定められているもの、環境影響評価、カーボン・ディスクロージャー・プロジェクト（Carbon Disclosure Project）のようにプロジェクト単位での排出量報告を含む自主的な報告メカニズムによるものでも充足可能である。

案件によっては、詳細な代替案分析全体、あるいはプロジェクト単位での排出量の公表が適切ではないこともありうる。

付属書Ｂ － エクエーター原則／赤道原則採択金融機関による情報開示要件

EPFIは年１回、下記に詳述する全ての要件に従い情報を開示する。

EP適用件数と実施状況に関する開示

EP適用件数と実施状況に関する開示は、EPFIの責任で行う。情報は同一箇所でアクセス可能なフォーマットで、EPFIのウェブサイト上で開示される。

EPFIは全てのEP適用件数と実施状況に関する報告について、その対象期間を（開始日、終了日）明記する。

FA業務に関するEP適用件数

EPFIは、報告対象期間にFA業務のマンデートを取得した案件数を開示し、セクター・地域別内訳を表示する。

FA業務のEP適用件数は、プロジェクトファイナンスとPRCLとは別に表示する。FA業務の場合、プロジェクトの多くは初期段階にあって全ての情報が得られないことがあるため、FA業務のEP適用件数開示にはカテゴリー別の内訳と、独立したレビューの実施状況についての情報を除外することができる。

プロジェクトファイナンスとPRCLに関するEP適用件数

EPFIは、報告対象期間中にフィナンシャル・クローズしたプロジェクトファイナンスとPRCLのそれぞれの合計案件数を開示する。

プロジェクトファイナンスとPRCL毎にカテゴリー別の内訳（A、B、C）を示した上で、さらに以下の件数を表示する。

- セクター（鉱業、インフラ、石油・ガス、電力、その他）
- 地域（米州、欧州中東アフリカ、アジア太平洋）
- 指定国か否か（指定国もしくは指定国以外の国）
- 独立したレビューが実施されているか否か

プロジェクトファイナンスとPRCLのデータは別々に表示する。

ブリッジローンに関するEP適用件数

ブリッジローンに関するEP適用件数開示は、その性質上、開示する必要がない。

EPの実施状況に関する報告

EPFIは、以下の内容を含む、EPの実施状況について報告する。

- EP担当部署（Equator Principles Reviewers）の権限（例えば職責と人員）
- 案件レビュープロセスにおけるEP担当部署と営業担当部署、シニアマネジメントの役割
- 信用・リスク管理方針および手続におけるEPの導入状況

EP採択の初年度にEPFIは、行内準備と職員の研修について詳細を報告する。次年度以降もEPFIは必要に応じて職員の継続的な研修について情報を提供する。

プロジェクトファイナンスにおける個別プロジェクトのデータ開示

EPFIはEP協会のウェブサイト上で開示するために、EP協会事務局に個別プロジェクトのデータを直接提出する。

個別プロジェクトのデータ開示は以下の条件に従う。

- フィナンシャル・クローズしたプロジェクトファイナンスのみが対象
- 顧客同意を取得すること
- 現地法・規制に則っていること
- データ開示により、特定の法域においてEPFIに追加的責務が発生することが一切ないこと

EPFIは、遅くともフィナンシャル・クローズ前の適切と判断する時点において顧客同意を取得する。

EPFIは以下の個別プロジェクトに関するデータを直接、もしくはリンクを張ることで報告する。

- プロジェクト名（融資契約書上の名称、または一般に認知された名称）
- フィナンシャル・クローズした年（暦年）
- セクター（鉱業、インフラ、石油・ガス、電力、その他）
- 所在国名

EPFIによっては、自社の情報開示の一環として個別プロジェクトのデータ開示を企図するところもあるだろうが、これらの情報開示はEPFIの義務ではない。

別紙　補足情報

別紙I　用語集

ここで定義されていない用語については、EPはIFCパフォーマンススタンダードで述べられている定義を使用する。

Affected Communities（影響を受ける地域社会）
プロジェクトによって直接的に影響をうける地域内にあるコミュニティー。

Assessment（アセスメント）
Environmental and Social Assessment（環境・社会アセスメント）を参照。

Assessment Documentation（アセスメント文書）
Environmental and Social Assessment Documentation（環境・社会アセスメント

文書）を参照。

Asset Finance（アセットファイナンス）
航空機、貨物船、設備などの資産購入を目的とする融資であって、当該資産に担保設定するもの。

Bridge Loan（ブリッジローン）
事業に対して、より長期間の資金を調達するまでの、繋ぎ資金（ローン）。

Buyer Credit（バイヤーズクレジット）
中長期輸出金融で、輸出者サイドの銀行もしくは金融機関が輸入者もしくは輸入サイドの銀行に融資するもの。

Critical Habitats（非常に重要な生息地）
生物多様性で高い価値を有する地域であり以下を含む。(i) 絶滅危惧ⅠA種または絶滅危惧ⅠB種にとって非常に重要な生息地、(ii) 固有種または生息地域限定種にとって非常に重要な生息地、(iii) 回遊性種または群れを成す種の世界的に重要な集合体を支える生息地、(iv) 極めて危機的または独特な生態系、あるいは(v)重要な進化のプロセスに関係する地域。

Designated Countries（指定国）
市民と自然環境を守るために構築された強固な環境・社会に関するガバナンス、法体系、組織を有すると考えられる国。指定国のリストは、EP協会のウェブサイトを参照。

Effective Operational Control（プロジェクトの実質的な支配権）
顧客のプロジェクトに対する直接的な支配（オペレーターまたは主要な株主として）と、間接的な支配（例えば顧客の子会社がプロジェクトのオペレーターである場合など）の両方を含む。

Environmental and Social Assessment（Assessment）（環境・社会アセスメント：アセスメント）
立案されたプロジェクトが影響を及ぼす地域内の環境・社会リスクと影響（労働、衛生、安全に関する問題を含む）を特定するプロセス。

Environmental and Social Assessment Documentation（Assessment Documentation）（環境・社会アセスメント文書：アセスメント文書）
アセスメントの一環としてプロジェクトのために準備される一連の文書。文書のカバーする範囲、詳細度合いはプロジェクトの潜在的な環境・社会に対するリスクと影響の大きさに応じたものとする。アセスメント文書の例は、環境・社会影響評価書（Environmental and Social Impact Assessment、ESIA）、環境・社会マネジメントプラン（Environmental and Social Management Plan、ESMP）、あるいはより範囲を狭めた文書（検査、リスク評価、危険評価、プロジェクト特有の環境認可など）。非技術的環境要約（Non-technical environmental summary）も、より広い範囲のステークホルダー・エンゲージメントのプロセスの一部として一般に公開される場合には、アセスメント文書を補強するものとして採用可能。

Environmental and Social Impact Assessment（環境・社会影響評価書：ESIA）
プロジェクトの潜在的な環境・社会リスクと影響に関する包括的な文書。通常ESIAは、環境もしくは社会に対する著しい影響を生み出す可能性が高い特定の物理的要素、側面、および設備を有する新規開発案件、もしくは大規模拡張案件のときに作成される。ESIAに通常含まれる環境・社会問題の概要は別紙Ⅱを参照。

Environmental and Social Management Plan（環境・社会マネジメントプラン：ESMP）
アセスメントによって明らかにされたリスクと影響を、回避・最小化・代償とオフセットを通じて軽減するための顧客の義務を要約したもの。その種類は、通常の軽減措置の概要説明から、より包括的なマネジメントプランに関する一連の報告まで様々である（例、水管理計画、廃棄物管理計画、住民移転計画、先住民族に対する計画、緊急時への備えと対応策、設備廃棄計画など）。ESMPの詳細さ、複雑さの程度や、対応策の優先順位はプロジェクトの潜在的リスクと影響の大きさに応じて決まる。ESMPの定義と特徴は、IFCパフォーマンススタンダード第1項にあるマネジメントプログラム（Management Programs）と概ね同じである。

Environmental and Social Management System（環境・社会マネジメントシステム：ESMS）
企業レベルもしくは、プロジェクトレベルでも適用できる、環境・社会、衛生、安全についての全般的な管理制度のこと。本システムは、プロジェクトについて継続的にリスクと影響を特定し、評価し、管理するように設計される。本システムは、マニュアルおよび関連文書から構成され、方針、マネジメントプログラムと計画、

手続、要求事項、評価指標、責任、訓練、環境・社会的事項に関する定期的な監査・検査、などを含み、環境・社会事項にはステークホルダー・エンゲージメントと苦情処理メカニズムを含む。本システムは、ESMPまたはEPアクションプランが実施されるための最も重要な枠組みである。本用語は、状況に応じて、プロジェクトの建設期間中のシステム、またはプロジェクトの操業期間中のもの、あるいはその両者を指す。

Equator Principles Action Plan（EPアクションプラン）
EPFIのデューデリジェンスの結果として策定されるもので、EPが定める適用基準を満たすようにするため、アセスメント文書、ESMP、ESMS、ステークホルダー・エンゲージメントにかかるプロセス文書などとの乖離に対して必要な対策（アクション）を明らかにし、その優先順位をつけるものである。EPアクションプランは、一般的に表形式であらわされ、軽減措置（mitigation measures）からアセスメントを補完するための追加調査や明確な計画をリストアップする。

Equator Principles Association（EP協会：EPA）
EPの管理、運営、発展を目的とした、EPFIをメンバーとする非法人組織。EP協会事務局（The Equator Principles Association Secretariat）は、EPAの日常業務を担当し、その中にはEPFIによる個別プロジェクトのデータの照合も含まれる。詳細はEPAのウェブサイトを参照。

Equator Principles Reviewers（エクエーター原則／赤道原則に基づくレビュー担当者）
EPが適用される案件の環境・社会レビューの責任を持つEPFIの従業員。その担当者は、行内的にEP適用について任命された独自のEPチーム、もしくは営業、審査、サステイナビリティ関連（あるいはその類似の）部署および本部担当者である場合がある。

Export Finance（輸出金融）
（輸出信用とも言う）輸出される財・サービスの海外バイヤーにとって、代金の支払い時期を先に延ばす効果のある保険、保証、金融取引のこと。輸出金融は通常、短期、中期（返済期間2から5年）、長期（通常5年超）に分かれる。

Financial Close（フィナンシャル・クローズ）
借入の最初の資金引き出しまでに必要な条件が充足された日、もしくは条件の履行

が免除された日。

Informed Consultation and Participation（十分な情報を提供した上での協議と参画）
詳細な意見と情報を交換し、体系化されまた対話型で行われる協議。顧客は、影響を受ける地域社会（Affected Communities）が直接受ける影響（提案された軽減措置、開発による利益と機会の分配、アクションプラン実施上の問題など）に関する地域社会の意見を、顧客の意思決定プロセスに組み込む。

Independent Environmental and Social Consultant（独立した環境・社会コンサルタント）
EPFIが受け入れ可能で、適格な（顧客に直接関係のない）独立したコンサルタント会社もしくは個人コンサルタント。

Independent Review（独立したレビュー）
ESMP、ESMS、ステークホルダー・エンゲージメントのプロセスなども含めた、アセスメント文書に対するレビュー作業で、独立した環境・社会コンサルタントによって行われる。

Known Use of Proceeds（資金使途）
顧客によって提供される、借り入れられた資金が何に使用されるかという情報。

Mandated Equator Principles Financial Institution or Mandated Financial Institution（マンデートを取得したEP採択金融機関、もしくはマンデートを取得した金融機関）
顧客からプロジェクトまたは取引実行のための銀行業務の委任を受けた金融機関。

Non-Designated Countries（指定国以外の国）
EP協会ウェブサイトのリスト上にない国。

Operational Control（プロジェクトに対する支配）
Effective Operational Controlを参照。

Other Stakeholders（その他のステークホルダー）
プロジェクトの直接的な影響は受けないが、利害関係がある者。国・地方当局、隣

接するプロジェクト、または非政府組織（NGO）なども含まれる場合がある。

Project（プロジェクト）
プロジェクトとは、セクターを問わずその所在位置が特定できる開発行為のこと。生産物もしくは機能の重大な変更をもたらす、既存事業の拡張もしくは改修を含む。EP適用対象となるプロジェクトの例は以下の通り（ただし以下の例に限定されるものではない）。発電所、鉱山、石油・ガスプロジェクト、化学工場、インフラ開発、生産工場、大規模不動産開発、配慮を要する地域（Sensitive Area）での不動産開発、その他環境または社会への重大なリスクや影響をもたらすもの。輸出信用機関が参加する案件の場合、輸出先の新規の商業、インフラ開発、工業関係の案件もプロジェクトと見なされる。

Project Finance（プロジェクトファイナンス）
プロジェクトファイナンスは、貸出人が、単独プロジェクトからの収入を債務返済の原資かつ与信の担保として見なして貸出す方法。この方式の資金調達は概ね大型で、複雑かつ巨額な費用を要する設備向けで、発電所、化学処理工場、鉱山、交通インフラ、環境、通信インフラなどが例として含まれる。プロジェクトファイナンスは新規設備建設、または既存設備のリファイナンスの形をとり、設備の改修を伴う場合も、伴わない場合もある。このような案件では、通常、貸出人に対する返済原資の全てもしくは殆どが、その設備の生産物の売買契約から生み出される収益から生じ、例えば発電所が売る電力がこれに該当する。顧客は、通常特別目的会社で、その設備の開発・所有・操業以外の事業を行うことは禁止されている。つまり、返済原資はプロジェクトのキャッシュフローとプロジェクト資産の担保価値に依拠する。2005年11月、バーゼル銀行監督委員会「自己資本の測定と基準に関する国際的統一化」（Basel II）を参照のこと。鉱業などの採取産業における、ノンリコース型で、資金が単独の資源（例えば油田や鉱山）の開発に使用されるようなリザーブ・ベース・ファイナンスは、EPの範囲内のプロジェクトファイナンスと見なす。

Project Finance Advisory Services（プロジェクトファイナンス・アドバイザリーサービス：FA業務）
開発案件の資金調達について助言を行う業務で、資金調達の選択肢にプロジェクトファイナンスが含まれるものを言う。

Project-Related Corporate Loans（プロジェクト紐付きコーポレートローン：

PRCL）
事業会社（民間、公的、国有もしくは政府支配下にあるもの）向けのコーポレートローンで、新規開発、物理的な拡張のいずれかに該当する単独のプロジェクト紐付きで、資金使途（Known Use of Proceeds）が以下の(a)もしくは(b)を満たす単独プロジェクト向けの案件。

(a) 貸出人は、（プロジェクトファイナンスと同様に）プロジェクトからの収益を主要返済原資と見なすが、貸出はその顧客の信用力もしくは親会社の保証に依拠する、
(b) 融資関係書類において総借入額の過半が、ある単独のプロジェクト向けであることが明示されていること。ここでいう融資関係書類は、タームシート、インフォメーション・メモランダム、融資契約書、その他資金借入れのために顧客によって提供される関係書類を含む。

PRCLは政府が保有する企業向け、または政府に代わって商業目的を遂行するために政府によって創業された事業会社向けを含む。しかし、国、地方政府、政府省庁向けは対象外とする。

Scope 1 Emissions（スコープ1基準の排出）
プロジェクトの敷地境界内の所有または支配する施設から直接排出される温室効果ガスのこと。

Scope 2 Emissions（スコープ2基準の排出）
プロジェクトの敷地境界外の施設でプロジェクトのために使用されるエネルギー生産により間接的に排出される温室効果ガスのこと。

Sensitive Area（配慮を要する地域）
国際的、国家的、地域的に重要な地域。湿地、高い生物多様性の価値を持つ森林、考古学的あるいは文化的価値のある地域、先住民族や他の社会的弱者にとって価値のある地域、国立公園と国あるいは国際法で保護されているその他の地域など。

Stakeholder Engagement（ステークホルダー・エンゲージメント）
外部とのコミュニケーション、環境・社会に関する情報開示、参画、十分な情報を与えられた協議、苦情処理メカニズム、について規定したIFCパフォーマンススタンダードを参照する。EPでのStakeholder Engagementは原則5で定義された全体

的要件をも参照のこと。

Supplier Credit（サプライヤーズククレジット）
輸出業者が海外の輸入業者に供与する中長期の輸出与信。

別紙Ⅱ　環境・社会アセスメント文書に記載すべき、潜在的な環境・社会問題についての参考リスト

下記リストは、アセスメント文書に取り入れられる可能性がある項目についての概略。このリストはあくまでも参考としての例示である。個々のプロジェクトの環境・社会アセスメントのプロセスで、リスト上の全ての項目が当てはまる場合もあれば当てはまらない場合もあり、また全てのプロジェクトに関連するものでもない。

アセスメント文書は、必要な場合には、以下を含む：

a）環境・社会状況のベースラインの評価
b）実施可能な、環境・社会的に望ましい代替案の検討
c）現地国の法規制、ならびに、適用すべき国際条約および国際協定の要求事項
d）生物多様性の保護と保全（絶滅危惧種および改変された生息地・自然生息地・非常に重要な生息地における影響を受けやすい生態系を含む）、ならびに法定保護地域の確認
e）再生可能な自然資源の持続可能な管理および使用（適切な独立した認証システムを通じた持続可能な自然資源の管理を含む）
f）危険物質の使用および管理
g）主要な災害の評価および管理
h）エネルギーの効率的な生産、配送、および使用
i）汚染の予防および廃棄物の最小化、汚染防止（液体の排出および大気への排出）、ならびに、固形および化学廃棄物の管理
j）合理的に予測可能な気候変動パターンや気候条件を考慮した、プロジェクトの事業継続性、ならびにその適応性
k）既存のプロジェクト、計画されているプロジェクト、および将来的に予測されるプロジェクトの累積影響
l）人権への負の影響を防止、緩和および管理するためのデューデリジェンスに沿った人権尊重

m) 労働問題（4つのコアとなる労働基準を含む）、ならびに労働安全衛生
n) プロジェクトの設計、レビュー、実施段階における、影響を受ける当事者に対するコンサルテーションと、当事者による協議参画
o) 社会経済的影響
p) 影響を受ける地域社会、ならびに、不利な条件におかれたグループまたは脆弱なグループに与える影響
q) ジェンダーに対する影響、およびジェンダー不均衡による影響
r) 土地取得および非自発的移転
s) 先住民族、ならびに、彼ら固有の文化的制度および文化的価値に与える影響
t) 文化財および文化遺産の保護
u) 地域社会の衛生・安全・保安（プロジェクトにおける保安要員の使用に関するリスク、影響、および管理を含む）
v) 防火および人命の安全

別紙Ⅲ　環境・社会の持続性可能性に関するIFCパフォーマンススタンダードと、世界銀行グループの環境・衛生・安全に関するガイドライン

EPは、原則3によって、IFCの"Sustainability Framework"に関する二つの基準を、「その時適用される環境・社会基準」としている。

1．IFCパフォーマンススタンダード

2012年1月1日付で、以下のIFCパフォーマンススタンダード（PS）が適用開始となった。

PS1：環境・社会に対するリスクと影響の評価と管理
PS2：労働者と労働条件
PS3：資源効率と汚染防止
PS4：地域社会の衛生・安全・保安
PS5：土地取得と非自発的移転
PS6：生物多様性の保全および自然生物資源の持続的利用の管理
PS7：先住民族
PS8：文化遺産

ガイダンスノートがそれぞれのパフォーマンススタンダードに付随する。EPFI

は、公式にはガイダンスノートを「その時適用される環境・社会基準」として採用していないが、EPFIおよび顧客は、パフォーマンススタンダードのさらなる手引き、あるいはその解釈が必要な際には、参考にすることもできる。

IFCパフォーマンススタンダード、ガイダンスノート、および産業セクター別EHSガイドラインは、IFCのウェブサイトで入手できる。

2．世界銀行グループ　環境・衛生・安全（EHS）ガイドライン

世界銀行グループ環境・衛生・安全ガイドライン（EHSガイドライン）は、IFCパフォーマンススタンダードで述べられているように、国際的な業界グッド・プラクティス（Good International Industry Practice, GIIP）を含む、技術的参照文書である。指定国以外の国に立地するプロジェクトについて一般的に受け入れ可能と考えられる実績水準・方法と、新規設備案件についても既存技術による適切なコストで達成可能な水準・方法を含む。以下の2種類のガイドラインが用いられる。

The General EHS Guidelines（一般EHS＜環境・衛生・安全＞ガイドライン）
このガイドラインは、全ての産業セクターに適用できるように環境・衛生・安全について分野横断的な情報を含んでいる。本ガイドラインは以下の項目に分けられている：環境・労働安全衛生、地域社会の衛生と安全、建設、廃棄。本ガイドラインは関係する産業セクター別EHSガイドラインと併用して利用することを前提としている。

The Industry Sector Guidelines（産業セクター別EHSガイドライン）
これらのガイドラインは、個別産業特有の影響や評価指標を含み、その産業に関する概要も含む。これらは以下のようにグループ分けされる。

産業セクター別EHSガイドライン	
Agribusiness／Food Production	農業関連／食糧生産
Annual Crop Production	一年生作物生産
Aquaculture	水産養殖
Breweries	醸造業
Dairy Processing	乳製品加工
Fish Processing	水産加工

産業セクター別EHSガイドライン	
Food and Beverage Processing	食品飲料
Mammalian Livestock Production	畜産業
Meat Processing	食肉加工
Plantation Crop Production	プランテーション作物生産
Poultry Processing	鳥肉加工
Poultry Production	家禽生産
Sugar Manufacturing	製糖業
Vegetable Oil Processing	植物油加工
Chemicals	化学
Coal Processing	石炭加工
Large Volume Inorganic Compounds Manufacturing and Coal Tar Distillation	大規模無機化合品製造およびコールタール蒸留
Large Volume Petroleum-based Organic Chemicals Manufacturing	大規模石油系有機化学品製造
Natural Gas Processing	天然ガス加工
Nitrogenous Fertilizer Manufacturing	窒素肥料製造
Oleochemicals Manufacturing	油脂化学品製造
Pesticides Formulation, Manufacturing and Packaging	農薬製剤、製造、および梱包
Petroleum-based Polymers Manufacturing	石油系ポリマー製造
Petroleum Refining	石油精製
Pharmaceuticals and Biotechnology Manufacturing	医薬品製造およびバイオテクノロジー
Phosphate Fertilizer Manufacturing	リン酸肥料製造
Forestry	林業
Board and Particle-based Products	ボードおよびパーティクルベース資材の製造
Forest Harvesting Operations	林産物生産業
Pulp and Paper Mills	パルプおよび製紙工場
Sawmilling and Wood-based Products	製材および木製工業品

産業セクター別EHSガイドライン	
General Manufacturing	一般製造業
Base Metal Smelting and Refining	ベースメタル製錬および精錬
Cement and Lime Manufacturing	セメントおよび石灰製造
Ceramic Tile and Sanitary Ware Manufacturing	セラミックタイルおよび衛生用陶器製造
Construction Materials Extraction	建設用原料採取
Foundries	鋳造業
Glass Manufacturing	ガラス製造
Integrated Steel Mills	一貫製鉄所
Metal, Plastic, Rubber Products Manufacturing	金属、プラスチック、ゴム製造
Printing	印刷
Semiconductors and Electronics Manufacturing	半導体および電子機器製造
Tanning and Leather Finishing	製革業
Textiles Manufacturing	織物工業
Infrastructure	インフラ
Airlines	航空輸送
Airports	空港
Crude Oil and Petroleum Product Terminals	原油および石油製品ターミナル
Gas Distribution Systems	ガス配給システム
Health Care Facilities	医療施設
Ports, Harbors and Terminals	港湾ターミナル
Railways	鉄道
Retail Petroleum Networks	石油小売ネットワーク
Shipping	海運業
Telecommunications	通信
Toll Roads	有料道路
Tourism and Hospitality Development	観光および宿泊施設開発
Waste Management Facilities	廃棄物管理施設

産業セクター別EHSガイドライン	
Water and Sanitation	水および衛生施設
Mining	鉱業
Mining	鉱業
Oil and Gas	石油・ガス
Offshore Oil and Gas Development	石油・ガス開発（海洋）
Onshore Oil and Gas Development	石油・ガス開発（陸上）
Liquefied Natural Gas (LNG) Facilities	液化天然ガス（LNG）施設
Power	電力
Electric Power Transmission and Distribution	送電および配電
Geothermal Power Generation	地熱発電
Thermal Power	火力発電
Wind Energy	風力発電

事項索引

[英語]

ECA（Export Credit Agencies）
　　……………………………… 160, 200
EHSガイドライン　⇒「環境・
　衛生・安全（EHS）ガイドラ
　イン」参照
EPアクションプラン ……… 88, 113, 118
EP協会 …………………………… 133, 175
ESIA　⇒「環境・社会影響評価
　書」参照
ESMP　⇒「環境・社会マネジメ
　ントプラン」参照
ESMS　⇒「環境・社会マネジメ
　ントシステム」参照
GHG（Greenhouse Gas）　⇒「温
　室効果ガス」参照
IFCパフォーマンススタンダード
　⇒「国際金融公社パフォーマン
　ススタンダード（IFC・PS）」
　参照
JBIC　⇒「国際協力銀行」参照
NGO（非政府組織）
　　……………… 3, 144, 167, 179, 206

[あ行]

アジア開発銀行（ADB） …………… 196
アセスメント　⇒「環境・社会ア
　セスメント」参照
アセスメント文書　⇒「環境・社
　会アセスメント文書」参照
影響を受ける地域社会 ……………… 46
欧州復興開発銀行（EBRD） ……… 198

温室効果ガス …………… 48, 130, 137
温室効果ガス排出に係る代替案分
　析 …………………………… 49, 140

[か行]

カテゴリー ……………………………… 29
環境・衛生・安全（EHS）ガイ
　ドライン ………………… 53, 75, 194
環境・社会アセスメント ……………… 37
環境・社会アセスメント文書 ……… 40
環境・社会影響評価書（ESIA）
　　……………………………… 41, 130
環境・社会マネジメントシステム
　　………………………………………… 85
環境・社会マネジメントプラン
　　………………………………… 87, 118
環境・社会デューデリジェンス
　　………………………………… 30, 149
苦情処理メカニズム ………………… 104
経済協力開発機構（OECD）
　　……………………………… 97, 200
高炭素セクター ……………………… 49
国際協力銀行 ………………………… 201
国際金融公社パフォーマンススタ
　ンダード（IFC・PS） ……… 53, 193
コベナンツ（誓約条項）
　　……………………… 116, 163, 164

[さ行]

サプライヤーズクレジット ………… 22
持続可能な社会の形成に向けた金
　融行動原則 ………………………… 209

事項索引　251

指定国 ································ 55
自由意志による、事前の十分な情
　報に基づく合意（Free, Prior,
　and Informed Consent、FPIC）
　···································· 102
住民移転 ························ 65, 111
人権デューデリジェンス ········· 45, 93
スコープ1（Scope 1）・スコー
　プ2（Scope 2）···················· 49
ステークホルダー ······················ 144
ステークホルダー・エンゲージメ
　ント（Stakeholder Engage-
　ment）································ 98
生物多様性 ························ 44, 67
誓約条項　⇒「コベナンツ」参照
世界銀行グループ ···················· 190
先住民族 ················ 47, 72, 101, 110

[た行]
代替案分析　⇒「温室効果ガス排
　出に係る代替案分析」参照
ツーステップローン ···················· 22
独立した（立場の）環境・社会コ
　ンサルタント ········ 88, 108, 122, 159

[な行]
21世紀金融行動原則　⇒「持続可能な社会の形成に向けた金融行動原則」参照
ネットゲイン ····························· 70
ノーネットロス ·························· 69

[は行]
廃棄計画 ································ 119
バイヤーズクレジット ··················· 22
非自発的（住民）移転 ············ 47, 65
非常に重要な生息地（Critical
　Habitats）····················· 70, 110
ブリッジローン ················ 24, 27, 148
プロジェクト紐付きコーポレート
　ローン ·············· 20, 26, 131, 148
プロジェクトファイナンス
　······················ 19, 26, 131, 147
プロジェクトファイナンス・アド
　バイザリーサービス
　······················ 20, 27, 131, 147
文化遺産 ······················ 47, 73, 111

[ら行]
ラギー・フレームワーク ················ 91

【著者一覧】

[みずほ銀行]

殖田　亮介　　　　　　　　　岡田　真沙子
Cunyu（Jack）Wang（王　存彧）　Aditi Joshi（アディティ・ジョシ）
Lovely Grover（ラブリ・グローバー）

[三菱東京UFJ銀行]

片倉　寧史　　　　　　　　　柴土　真季
柴田　浩史　　　　　　　　　山崎　周
浅井　幸治　　　　　　　　　大高　明
加藤　友美

[三井住友銀行]

浅野　佳代子　　　　　　　　島　健治
高橋　春彦　　　　　　　　　伊藤　芳康
川上　千代子　　　　　　　　松本　香菜子
山岸　真悠子

（順不同）

実務解説　エクエーター原則／赤道原則
──プロジェクト融資の環境・社会リスク管理

平成28年３月15日　第１刷発行

　　　　　　　　著　者　みずほ銀行
　　　　　　　　　　　　三菱東京UFJ銀行
　　　　　　　　　　　　三井住友銀行
　　　　　　　　発行者　小　田　　　徹
　　　　　　　　印刷所　株式会社 日本制作センター

〒160-8520　東京都新宿区南元町19
発 行 所　一般社団法人 金融財政事情研究会
　編集部　TEL 03(3355)2251　FAX 03(3357)7416
　販　売　株式会社きんざい
　販売受付　TEL 03(3358)2891　FAX 03(3358)0037
　　　　　URL http://www.kinzai.jp/

・本書の内容の一部あるいは全部を無断で複写・複製・転訳載すること、および磁気または光記録媒体、コンピュータネットワーク上等へ入力することは、法律で認められた場合を除き、著作者および出版社の権利の侵害となります。
・落丁・乱丁本はお取替えいたします。定価はカバーに表示してあります。

ISBN978-4-322-12842-0